CHANOINE CH. REBORD

Vicaire général et Official

PRÉVÔT DU VÉNÉRABLE CHAPITRE DE LA CATHÉDRALE D'ANNECY

DIVISIONS ADMINISTRATIVES

DU

DÉPARTEMENT DE LA HAUTE-SAVOIE

ET DU

DIOCÈSE D'ANNECY

de 1723 à nos jours

ANNECY

IMPRIMERIE COMMERCIALE

1926

CHANOINE CH. REBORD

Vicaire général et Official

PRÉVÔT DU VÉNÉRABLE CHAPITRE DE LA CATHÉDRALE D'ANNECY

DIVISIONS ADMINISTRATIVES

DU

DÉPARTEMENT DE LA HAUTE-SAVOIE

ET DU

DIOCÈSE D'ANNECY

de 1723 à nos jours

ANNECY

IMPRIMERIE COMMERCIALE

1926

BIBLIOGRAPHIE et RENSEIGNEMENTS

A. — *Actes du Gouvernement*, etc.

B. — *Recueil des Edits*, etc.

C. — *Raccolta*, de Duboin ; ces trois collections visent l'Administration sarde.

D. — *Bulletin des lois*, etc., pour l'Administration française.

E. — *Recueil des actes administratifs* du département de la Haute-Savoie.

F. — DESSAIX, *Savoie historique*, etc.

G et H. — MM. Faure, notre archiviste départemental, et J^h Serand, ex-archiviste-adjoint, nous ont été de grand secours, le premier par ses indications et ses recherches, le second par ses « *Notes sur les divisions administratives de la Haute-Savoie* », laissées manuscrites à nos Archives départementales ; nous les remercions l'un et l'autre bien cordialement.

En vue d'abréger les citations, nous nous bornerons à écrire la lettre indiquant la pièce citée, ou l'auteur du renseignement.

AVANT-PROPOS

Par sa position géographique, notre pays était destiné à être foulé aux pieds, des compétitions ambitieuses s'exerçant de chaque côté de nos Alpes. Si nombreux sont les maîtres ayant exercé à certains moments l'autorité souveraine sur une partie plus ou moins considérable de la Savoie, si enchevêtrées sont leurs possessions, qu'il devient difficile, non seulement aux ignorants de leur histoire locale, mais encore à ceux qui en ont fait une étude assez approfondie, de se faire sur la matière des idées claires et précises. Sous les yeux des uns et des autres, nous voudrions placer un tableau facile à consulter qui, sans perte de temps, dissiperait toute incertitude au sujet de la circonscription administrative à laquelle appartenait l'une des paroisses et communes à une époque donnée.

Nous disons : Circonscription administrative ; il ne saurait en effet être question de tous les grands services de l'Etat, tels que les Cultes (1), la Justice, l'Instruction publique, les Finances, l'Armée, etc. ; un tableau n'est pas un traité.

Nous avons dit : *Du département de la Haute-Savoie ;* nos voisins de la Savoie n'auraient qu'à se reporter aux pièces que nous citerons, pour avoir sous les yeux tout ce qui les concerne.

Nous avons ajouté : *Du diocèse d'Annecy,* afin de n'exclure ni le canton d'Ugine qui n'appartient qu'au diocèse (2), ni le canton de Rumilly, qui n'appartient qu'au département (3).

----

(1) Pour l'administration ecclésiastique, voir « Synodes de St François de Sales, etc. », (p. 107 à 191).

(2) Bellecombe (N.-D. de), Chaucisse, Cohennoz (le), Crest-Voland, Flumet, Giettaz (la), Héry-sur-Ugine, St-Nicolas-la-Chapelle, Ugine et Outrechaise.

(3) Bloye, Chainaz-les-Frasses, Cusy, Héry-sur-Alby, Lornay, Marigny-St-Marcel, Massingy, Moye, Rumilly, St-Félix.

Pourquoi commencer en 1723 ? N'eut-il pas été préférable de remonter à Emmanuel-Philibert ?

***

Il est vrai que ce dernier, par un sérieux effort afin de briser le moule du Moyen-Age, qui persévèrera encore plus ou moins jusqu'à la Révolution, se montra précurseur des temps modernes. Mais le vainqueur de St-Quentin ne possédait ni le comté de Genevois, ni les baronnies de Faucigny ; il érigea même cet apanage en duché, en faveur de Jacques de Savoie-Nemours (1564). Et après le retour définitif de cet enclave à la Maison de Savoie, il fallut encore attendre de trop longues années que les limites du comté de Savoie, puis du royaume de Sardaigne, fussent à peu près fixées. Les Bernois, les Valaisans, la France travaillent à rendre à jamais chimérique la reconstitution de l'ancien royaume de Bourgogne ; François 1er, Henri II, Henri IV, Louis XIII, les Espagnols commandent tour à tour chez nous. Au milieu d'une période si agitée, si troublée, comment ne pas laisser tomber à terre le fil conducteur ! Au reste, le premier roi de Sardaigne est assurément, avec Emmanuel-Philibert, notre grand prince des temps modernes, et, à dater de son règne, il ne sera peut-être point trop mal aisé de poursuivre la réalisation de notre projet.

***

Grand nombre de communes n'ont pas gardé aujourd'hui le nom qu'elles portaient en 1723, ou à une date postérieure. Nous ne voulons pas parler de nom aux formes archaïques, orthographiés d'une manière quelconque, au gré de celui qui les écrivait, mais permettant cependant aux moins initiés de reconnaître facilement, sous ses dénominations vieillies, l'une quelconque de nos agglomérations municipales ; de celles-là, il ne sera point question. Ce qui doit attirer notre attention, ce sont :

1° Les communes *créées* aux dépens d'une ou plusieurs autres ;

2° Les communes distinctes au début, réunies en une seule *portant le nom de chacune d'elles* ;

3° Les communes dont l'une *incorporée* à l'autre a perdu son nom ;

4° Les communes dont le nom a subi des modifications;

5° Les communes qui ne sont pas paroisses ;

6° Les paroisses qui ne sont pas communes ; leurs noms, pendant qu'elles ne sont pas officiellement érigées en communes, se lira entre crochets [ ].

1° Communes créées

Ambilly, de Gaillard, 3 août 1843 (B, 11, p. 5). Lors de la création de la province de Rumilly, en 1816, Gaillard avait recueilli les épaves de Chêne, commune genevoise ; avec la disparition de cette même province en 1818, nos deux communes ci-dessus s'appellent Ambilly-Gaillard. Ce n'est qu'en 1876 que la dernière est devenue paroisse. — *Archamps*, de Collonges, 15 mars 1836 (A, IV, p. 101). Archamps et Collonges persévèrent jusqu'en 1793 inclus. En 1818, les rôles sont intervertis : Collonges-Archamps. De 1597 à 1671, et de 1803 à 1829, Collonges fut annexe d'Archamps. — Jusqu'à 1793 incl., nous lisons Lyaud et *Armoy*; de 1801 à 1818 incl., Armoy et Lyaud ; en 1860, de nouveau Lyaud-Armoy, en vertu du décret du 20 décembre de cette année. Par autre décret du 7 mai 1870, chacune de ces communes recouvra son autonomie (D, XVII, p. 5, 8). Armoy a eu pour annexes, jusqu'en 1610, Reyvroz et le Lyaud ; cette dernière annexe obtint un chapelain en 1844, et un curé en 1863. — *Baume (La)*, du Biot, 20 décembre 1860 (D, XVII, p. 5) ; cette paroisse existait depuis 1852. — *Bonnevaux*, de Vacheresse, 25 avril 1835 (H). Paroisse de 1776 à la Révolution, et à partir de 1806. — *Bouchet (Le)*, de Serraval, 5 mai 1877 (H). Paroisse depuis 1787. *Chapelle-St-Maurice*, de St-Eustache, 6 janvier 1866 (H). Paroisse du Concordat. — *Champanges*, de Larringes, 20 décembre 1860 (D, XVII, p. 5). Paroisse en 1820. — *Châtel*, de la Chapelle, 21 juillet 1740 (H). — *Cohennoz (Le)*, d'Héry-sur-Ugine, 22 janvier 1798 (Arch départ. de la Savoie, série L, p. X et XI). Paroisse en 1789. — *Contamines (Les)*, de St-Nicolas-de-Véroce, 1760 (G). Paroisse la même année. — *Côte-d'Arbroz (La)*, des Gets, 24 juin 1783 (G). Paroisse au Concordat. — *Entrevernes*, de Duingt et de Lathuile, 1741 (H).

Paroisse de 1717 à la Révolution, et à partir de 1822. — *Esserts (Les)*. En 1818, cette commune s'appelle Esserts-Esery (B, VII, p. 112). Le 30 mars 1914, chacune de ces deux communes devient autonome (H). Annexe d'Esery de 1803 à 1864, et à partir de 1905. — *Essert-Romand*, de St-Jean-d'Aulph, 20 décembre 1860 (D, XVII, p. 5). Paroisse en 1825. — *Forclaz (La)*, du Biot, 21 juillet 1740 (H). Paroisse dès 1671. — *Frasse (La)*, de St-Sigismond, 3 novembre 1869 (H). Paroisse de 1783 à la Révolution, puis à partir de 1806. — *Houches (Les)*, de Chamonix, 10 mars 1786 (G). Paroisse en 1803. Dès 1735 jusqu'à la Révolution, vicaire de la collégiale de Sallanches. — *Marnaz*, de Scionzier, 6 janvier 1866 (H). Paroisse en 1848. — *Meillerie*, de Thollon, 20 décembre 1860 (D, XVII, p. 5). Paroisse en 1765. — *Montriond*, de St-Jean-d'Aulph, 21 juillet 1740 (H). Paroisse en 1717. — *Praz*, de Mégève, 3 novembre 1869 (H). Paroisse au Concordat. — *Reposoir (Le)*, de Scionzier, 28 décembre 1847 (A, XV, p. 39, H). Paroisse au Concordat. — *Rivière-Enverse*, de Fleyrier (Taninges), entre 1726 et 1730 ; le démembrement définitif se fit en 1770 (G). On lit en 1749, Taninges et Rivière-Enverse. Paroisse en 1770. — *St-Roch*, de Sallanches, 21 juillet 1740 (H). — *Seytroux*, du Biot, 11 novembre 1837 (A, V, p. 286, H). Paroisse au Concordat. — *Verchaix*, de Samoëns, 13 mai 1865 (H). Paroisse en 1783. — *Vernaz (La)*, du Biot, 21 juillet 1740 (H). Paroisse au Concordat.

2° COMMUNES UNIES, CONSERVANT LE NOM DE CHACUNE.

Epagny à *Jonzier*, 17 février 1866 (H). Paroisse jusqu'à la Révolution, Epagny passe à Jonzier au Concordat. — *Frasses (Les)* à *Chatnaz*, 17 novembre 1865 (H). Paroisses distinctes jusqu'au Concordat. — *Monthoux* à *Vétraz*, 10 novembre 1818 (B, VII, p. 110). Paroisses distinctes jusqu'au Concordat. — *Pont-Notre-Dame* à *Arthaz*, 10 novembre 1818 (B, VII, p. 118). Paroisses distinctes jusqu'au Concordat. — *St-Marcel* à *Marigny*, 15 octobre 1844 (A, XII, p. 102, H). Paroisses distinctes jusqu'au Concordat.

3° COMMUNES INCORPORÉES, PERDANT LEUR NOM.

Alby absorbe *St-Donat* et *St-Maurice*, en 1793. Les deux paroisses étaient définitivement unies dès 1683. — *Allinges* absorbe *Mesinge* ; les deux communes étaient encore réunies en 1818, après avoir été séparées jusqu'en 1801 incl. Mesinge a toujours été de la paroisse d'Allinges. — *Bassy* absorbe *Veytrens*, à partir de 1793 exclusivement. Jusqu'au Concordat, Veytrens était annexe de Bassy. — *Beaumont, Jussy* et *Le Châble*. A partir de 1793 exclusivement, Beaumont seul demeure. Jussy et Le Châble n'ont jamais été ni communes, ni paroisses, ni annexes. — *Bloye* absorbe *Sallagine*, à partir de 1860 inclusivement. Sallagine n'a jamais été ni commune, ni paroisse, ni annexe. — *Brenthonne* absorbe *Avully* et *Vigny*. On ne trouve plus Vigny à partir de 1749, ni Avully à partir de 1801, exclusivement. Le 25 octobre 1801, l'ancienne paroisse d'Avully et son annexe de Vigny furent unies à Brenthonne. — *Chens* absorbe *Cusy*, à une date postérieure à 1860. En 1865, Cusy, ancienne annexe d'Hermance, fut érigée en paroisse. Une nouvelle église, bâtie au village de Chens, inaugurée en 1827, fit donner à la paroisse le nom de Chens-Cusy. — *Duingt* absorbe *Dhéré*, à partir de 1793 exclusivement. Annexe de la première avant la Révolution, la seconde paroisse a été incorporée à la première au Concordat. — *Eloise*, après 1780 exclusivement, n'ajoute plus à son nom celui de *Certoud d'Arlod*, qui ne fut jamais celui d'une commune, ni d'une paroisse ni d'une annexe. Ce gros village fut officiellement incorporé à Eloise par le Concordat. — *Reignier* absorbe *St-Romain* à partir de 1818 exclusivement. La paroisse de St-Romain a été incorporée à celle de Reignier par le Concordat. — *Samoëns* absorbe *Vallon*, 22 juin 1811 (G). Vallon ne fut jamais ni commune, ni paroisse, ni annexe. — *Sciez* absorbe *Chavannex* et *Filly*. Chavannex demeure commune indépendante jusqu'en 1801 inclusivement, et Filly jusqu'à la même date exclusivement ; en 1860, Sciez demeure seule des trois communes. Annexes de Sciez avant la Révolution, Chavannex et Filly furent incorporées à cette paroisse par le Concordat.

4° Noms modifiés.

Bonne-[sur-Menoge]. — *Chamonix*-[Mont-Blanc], 14 novembre 1921. J. O., p. 12942 (H). — *Chapelle*-[d'Abondance] et maintenant *La* Chapelle. En 1818, on la trouve dénommée Chapelle-en-Chablais. — *Chêne*-[en-Semine], s'appelait simplement Chêne avant 1860. — *Chens* se débarrasse du nom de Cusy, 28 novembre 1866 (H).   *Chevrier*. Jusqu'en 1780 inclusivement, Chevrier-en-Vuache ; ensuite Chevrier. — *Cons-[Ste-Colombe]*. Jusqu'en 1749 inclusivement, Cons ; en 1793, Cons-Ste-Colombe ; de 1801 à 1815 inclusivement, de nouveau Cons ; à partir de 1818, de nouveau Cons-Ste-Colombe. — *Contamine-[Sarzin]*. Jusqu'en 1749 inclusivement, Contamine ; en 1780, Contamines-en-Genevois ; en 1793, de nouveau Contamine ; en 1801, Contamine-sous-Marlioz ; en 1815, de nouveau Contamine, jusqu'en 1913. J. O., p. 7398. — *Contamine-[sur-Arve]*, à partir de 1749 inclusivement ; en 1723, Contamine. — *Demi-Quartier*, jusqu'en 1793 inclusivement ; Demi-Quartier-de-Megève, de 1798 à 1801 inclusivement ; Demi-Quartier, dès 1815. — *Epagny*, à partir de 1793 ; avant cette date, Epagny-d'Annecy. — *Epagny*, en 1801 ; Epagny-de-Chaumont jusqu'en 1793, inclusivement ; Epagny-en-Vuache en 1815, et enfin, comme il a été dit ci-dessus Jonzier-Epagny. — *Esserts-[Salève]*, 1922, J. O. p. 4638. — *Evian-[les-Bains]*, 28 janvier 1865 (H). — *Gevrier* devient *Cran-Gevrier*, 14 mars 1902 (G). Paroisse en 1869. — *Hauteville-[sur-Fier]* (1), 1901 (G). Jusqu'en 1749 inclusivement, Hauteville-de-Rumilly. — *Marcellaz-[Albanais]*, 1921. J. O., p. 12334. — *Menthonnex-[en-Bornes]*, depuis 1815 inclusivement ; avant cette date, Menthonnex. — *[Menthonnex-[sous-Clermont]*, depuis 1818 inclusivement ; avant cette date, Menthonnex. — *Praz-[sur-Arly]*, au lieu de Praz-de-Megève, décret du 16 décembre, publié au « Journal Officiel » le 22 du même mois (H). — *Roche (La)-[sur-Foron]*. — *St-André-[val-de-Fier]*, 16 juillet 1907 (G). — *St-Germain-[sur-Rhône]*, en 1818 ; St-Germain jusqu'en 1801 inclusivement ; St-Germain-en-Semine, en 1815 ; de nouveau St-Germain en 1860. — *St-Gervais-[les-'Bains]*, 7 avril 1867. — *St-Jeoire-[Faucigny]*. — *St-Julien-[en-Genevois]* (2). — *St-Martin-[Bellevue]* (en Genevois), 1921,

---

(1) Le village de la Champagne, détaché de la commune de Marcellaz-Albanais en 1923, pour être incorporé à celle d'Hauteville-sur-Fier, a été le 15 septembre de la même année, annexe à cette dernière paroisse. (J. O., p. 572. — Rev. du Diocèse d'Annecy, p. 514).

(2) S'annexa, en 1924, le hameau de Cervonnex, détaché de la commune de Feigères. (J. O., p. 3107).

(3) Pour La Roche, St-Jeoire et St-Julien, le changement date de l'Annexion de 1860.

J. O., p. 12334. — *St-Martin-[sur-Arve]*, 1912, J. O., p. 10173. — *St-Maurice*, à partir de 1815 inclusivement. En 1723, St-Maurice-sous-Cornillon ; de 1749 à 1815, St-Maurice-de-Rumilly. — *St-Pierre-[de-Rumilly]*, jusqu'en 1801 inclusivement, et en 1818 ; St-Pierre, en 1815 et en 1860. — *Thorens*, en 1793 et depuis 1860 ; Thorens-Sales jusqu'en 1749 inclusivement ; et de 1815 inclusivement à l'Annexion. — *Veyrier-[du-lac]*, au lieu de Veyrier-d'Annecy. — *Villards-[sur-Thônes] (Les)*, à une date postérieure à 1860 on disait simplement Les Villards. — *Vovray-[en-Bornes]*, à partir de 1749 ; en 1723, Vovray.

✱✱✱

Sur les lèvres de la jeune génération, un certain nombre de noms frappent désagréablement les oreilles des hommes d'âge mûr. *Az* et *oz* sont devenus *asse* et *osse* : Clusasse, Chevénosse. Il n'y a pas si longtemps que le *z* final était traité en quantité négligeable ; on disait la Clusa, Chevéne.

Les noms en *ex* se prononçaient *ey* : Fonceney, Morney ; aujourd'hui on fait sonner la lettre *x*.

Les retardataires prononcent encore Marignier comme il s'écrivait anciennement : Marigny.

Nous regrettons cette nouvelle brèche, faites après tant d'autres (costume, patois, etc.), au patrimoine de notre petite patrie.

5° COMMUNES QUI NE SONT PAS PAROISSES.

Ambilly, Avregny, Bonneguête, Chevaline, Chevrier, Côte-d'Hyot (la), Demi-Quartier, Dingy-en-Vuache, Droisy, Etrembières, Ferrières, Loëx, Metz, Meythet, Passeirier, St-André-val-de-Fier, St-Maurice, St-Roch, Vougy.

6° PAROISSES QUI NE SONT PAS COMMUNES.

Argentières (Chamonix), Chaucisse (St-Nicolas-la-Chapelle), Combe (la) (Sillingy), Moussière (la) (St-Jean-d'Aulph), St-Germain-sur-Talloires (Talloires), Viuz-Faverges (Faverges).

7° COMMUNES DE LA HAUTE-SAVOIE
QUI SONT PAROISSES DE L'ARCHIDIOCÈSE DE CHAMBÉRY.

Quatre du canton d'Alby, savoir : Chaînaz-les-Frasses, Cusy, Héry-sur-Alby et St-Félix.

Six du canton de Rumilly, savoir : Bloye, Lornay, Marigny-St-Marcel, Massingy, Moye et Rumilly.

8° Paroisses du diocèse d'Annecy qui sont communes de la Savoie.

Tout le canton d'Ugines, savoir : Bellecombe (N.-D. de), Chaucisse, Cohennoz (le), Crest-Voland, Flumet, Giettaz (La), Héry-sur-Ugines, Outrechaise (commune de la paroisse d'Ugines), St-Nicolas-la-Chapelle et Ugines.

*** * ***

Avant d'entrer en matière, disons encore quelques mots d'un passé qu'il ne nous a paru ni facile ni grandement utile d'étudier en détail.

Quel était ce moule administratif du Moyen-Age, auquel Emmanuel Philibert fit une première brèche, suivi en cela par ses successeurs, qui laissèrent à la Révolution le soin de lui donner le coup mortel ? Pour l'intelligence de ce qui doit suivre, nous avons à répondre à cette question. Nul n'a condensé d'une manière plus claire la réponse que M. G. Pérouse, archiviste départemental de la Savoie, en particulier, dans son livre intitulé : « Une communauté rurale sous l'ancien régime, etc. » ; nous le mettrons largement à contribution.

Pendant la première période, qui s'étend jusqu'à Emmanuel-Philibert, la communauté, désignée ensuite sous le nom de paroisse, et de nos jours sous le nom de commune, embrasse tous les hommes formant une société distincte, se reconnaissant comme tenus à des obligations envers le duc de Savoie dont ils sont censés détenir les terres, et jouissant aussi des avantages qu'il leur assure. Notre société n'est point un être moral représenté par quelques-uns de ses membres, mais un être réel dont tous les membres, à l'instar de ceux du corps humain, sont nécessaires pour former un tout ! Chacun des individus est souverain ; tous les communiers moins un ne représentent rien, puisque le droit de chacun est égal à celui de tous les autres. C'est pourquoi les décisions de l'assemblée générale sont toujours prises d'un commun accord et consentement. Dans cette même assemblée, les membres présents, sans prétendre représenter les absents, en vertu d'une délégation tacite et formelle, déclarent toutefois agir « tant à leurs noms propres qu'aux noms des autres absents », dont ils escomptent l'approbation, tout en réservant le droit absolu qu'a chacun de protester contre les résolutions prises sans lui. »

Il y a loin de la communauté moyennageuse, souveraine en chacun de ses membres, exerçant réellement ses droits de souveraineté, à nos communautés actuelles, livrées pieds et poings liés à une prétendue majorité qui peut — la chose est prouvée — n'être qu'une minorité ! Cent électeurs ont le droit d'imposer leur tyrannie à quatre-vingt-dix-neuf autres ; où sont les droits souverains de ces derniers !

La base de la communauté, avons-nous dit, est la reconnaissance des droits du duc de Savoie ; celui-ci doit veiller à ce qu'il ne soit porté aucune atteinte à son autorité. Il n'y a pas manqué. Ses représentants officiels sont le *bailli*, le *châtelain* et le *mestral*, correspondant aux trois divisions du bailliage en châtellenies, et de la châtellenie en mestralies. Tous ces chefs exercent des fonctions administratives, militaires, judiciaires et financières. Des sentences du châtelain on peut en appeler au *juge-mage*, et de celui-ci au *Conseil* résident à Chambéry (1329), et plus tard au *Sénat* (1559). L'Administration financière relève de la *Chambre des Comptes*, dont la création, au dire de Grillet, est aussi ancienne que la Maison de Savoie (Dictionnaire, etc., t. I., p. 58).

Les *Syndics*, généralement au nombre de deux, et nommés pour deux ans, ne sont que les délégués de la communauté pour la représenter en justice ; toute l'influence qu'ils ont pu gagner, à force de temps et de patience, a été de préparer et de soumettre au vote de l'assemblée souveraine les matières à traiter dans chaque séance.

Au fur et à mesure que la centralisation administrative gagne du terrain, les baillis et les métraux disparaissent, le châtelain est en quelque sorte réduit au rôle modeste de juge de paix, et les syndics ne portent plus qu'un titre honorifique ; nous allons assister à cette évolution.

CHAPITRE PREMIER

De 1723 à 1780, avec modifications de détail en 1749

N° 1 à n° 8

Edit du 15 septembre 1738

Victor-Amédée II
et son fils Charles-Emmanuel III

En 1723, le premier roi de Sardaigne divisa administrativement la Savoie en six provinces ou départements, et deux bailliages qui, à leur tour, se subdivisaient en paroisses.

Les six provinces étaient la *Savoie Propre*, le *Genevois*, le *Faucigny*, le *Chablais*, la *Maurienne* et la *Tarentaise* ; les deux bailliages étaient ceux de *Ternier* et de *Gaillard*.

Et comme ils étaient rattachés, le premier au Genevois et le second au Chablais, en réalité le bailliage n'existait plus que de nom.

Laissant de côté la Maurienne et la Tarentaise, qui ne renferment aucune de nos paroisses ni de nos communes du département de la Haute-Savoie et du diocèse d'Annecy, nous omettrons également la mention des paroisses des autres provinces qui se trouvent dans le même cas. La Savoie propre sera précédée du chiffre 1 ; le Genevois, du chiffre 2 ; le Faucigny, du chiffre 3 ; le Chablais, du chiffre 4 ; le bailliage de Ternier, du chiffre 5 ; le bailliage de Gaillard, du chiffre 6 — ce qui signifie que les localités à la suite desquelles on lira le chiffre 1 appartenaient, en 1723, à la Savoie Propre ; celles à la suite desquelles on lira le chiffre 2 appartenaient, à la même époque, au Genevois, etc. Ce qui précède s'appliquera exactement à toutes les nouvelles circonscriptions administratives dont nous aurons à parler.

1. — SAVOIE PROPRE. Chef-lieu : CHAMBÉRY

Paroisses :

Bloye et Sallagine, Boussy, Cusy, Hauteville-Rumilly, Lornay, Marcellaz, Massingy, Moye, Outrechaise, Rumilly, Saint-Eusèbe, Saint-Marcel, Sales, Thusy, Vallières, Vaulx.

2. — GENEVOIS. Chef-lieu : ANNECY

Alby (St-Donat et St-Maurice), Alex, Allèves, Allonzier, Amancy, Andilly, Annecy, Annecy-le-Vieux, Arbusigny, Arcine, Argonnex, Aviernoz, Avregny, Balme-de-Sillingy, Balme-de-Thuy, Balmont, Bans, Bassy et Veytrens, Bluffy, Bonne-guête, Cercier, Cernex, Chainaz, Challonges, Chapéry, Chapelle-Rambaud (la), Charvonnex, Chaumont, Chavannaz, Chavanod, Chêne, Chessenaz, Chevaline, Chevrier, Chilly, Choisy, Clarafond, Clefs (les), Clermont, Clusaz (la), Cons, Contamine, Copponex, Crempigny, Cruseilles, Cuvat, Desingy, Dingy-en-Vuache, Dingy, Doussard, Droisy, Duingt et Dhéré, Eloise, Entremont, [Entrevernes], Epagny-d'Annecy, Epagny-de-Chaumont, Esery, Esserts, Etaux, Etercy, Etrembières, Evires, Faverges, Ferrières, Franclens, Frangy, Frasse (la), Frasses (les), Gets (les), Gevrier, Giez, Grand-Bornand (le), Groisy, Gruffy, Héry-sur-Alby, Héry-sur-Ugine, Jonzier, Jussy, Lathuile, Leschaux, Lovagny, Manigod, Marigny, Merlens, Marlioz, Menthon, Menthonnex-en-Bornes, Menthonnex-sous-Clermont, Mésigny, Metz, Meythet, Minzier, Monnetier-Mornex, Montagny, Montmin, Muraz (la), Mûres, Musièges, Nangy, Nâves, Nonglard, Ollières (les), Passeirier, Pers, Petit-Bornand (le), Poisy, Présilly, Pringy, Quintal, Roche (la), St-André, St-Blaise, St-Eustache, St-Félix, St-Ferréol, St-Germain, St-Jean-de-Chaumont, St-Jean-de-Sixt, St-Jorioz, St-Martin, St-Maurice-sous-Cornillon, St-Pierre-de-Rumilly, St-Sixt, St-Sylvestre, Sallenôve, Sappey (le), Savigny, Serraval, Sévrier, Seynod, [Seythenex], Sillingy, Syon, Talloires, Thônes, Thorens et Sales, Ugine, Usinens, Vanzy, Versonnex, Veyrier, Vieugy, [Villards-sur-Thônes (les)], Villaz, Villy-le-Bouveret, Villy-le-Pelloux, [Viuz-Faverges], Viuz-la-Chiésaz, Vovray, Vulbens.

3. — FAUCIGNY. Chef-lieu : BONNEVILLE

Annemasse, Arâches, Arenthon, Arthaz, Ayse, Bellecombe (N. D. de), Boëge, Bogève, Bonne, Bonneville, Brison, Burdi-

gnin, Chamonix, Châtillon, Cluses, Combloux, Contamine,
Cordon, Cornier, Côte-d'Yot (la), Cranves, Crest-Voland,
Demi-Quartier, Domancy, Faucigny, Fillinges, Flumet, Gets
(les), Giettaz (la), Loëx, Lucinges, Magland, Marcellaz, Mari-
gnier, Megève, Mieussy, Monthoux, Mont-Saxonnex, Morillon,
Nancy-sur-Cluses, Nangy, Onnion, Passy, Peillonnex, Pontchy,
Pont-Notre-Dame, Reignier, St-André, St-Etienne, St-Gervais,
St-Jean-de-Tholome, St-Jeoire, St-Laurent, St-Martin, St-Nico-
las-de-Véroce, St-Nicolas-la-Chapellel, St-Romain, St-Sigismond,
Sales, Sallanches, Samoëns, Scientrier, Scionzier, Servoz, Sixt,
Taninges, Thiez, Tour (la), Vallorcine, Vétraz, Villard (le),
Ville-en-Sallaz, Viuz-en-Sallaz.

4. — CHABLAIS. Chef-lieu : THONON

Abondance, Allinges, Anthy, Armoy, Avully, Ballaison,
Bellevaux, Bernex, Biot (le), Bons, Brens, Brenthonne, Cer-
vens, Chapelle-d'Abondance (la), [Châtel], Chavanex, Che-
vénoz, Cusy, Douvaine, Draillant, Evian, Excennevex, Fessy,
Féternes, Filly, [Forclaz (la)], Habère-Lullin, Habère-Poche,
Larringes, Loisin, Lugrin, Lullin, Lully, Lyaud (le), Machilly,
Margencel, Marin, Massongy, Maxilly, Mégevette, Mesinge,
Messery, [Montriond], Morzine, Nernier, Neuvecelle, Novel,
Orcier, Perrignier, Publier, Reyvroz, St-Cergues, St-Didier,
St-Gingolph, St-Jean-d'Aulph, St-Paul, Saxel, Sciez, Thollon,
Thonon, Vacheresse, Vailly, Veigy, Vigny, Vinzier, Yvoire.

5. — BAILLIAGE DE TERNIER

Archamps, Beaumont, Jussy et le Châble, Chénex, Feigères, Neydens, St-Julien, Thairy, Valléry, Vers, Viry.

6. — BAILLIAGE DE GAILLARD

Ambilly, Collonges, Foncenex, Juvigny, Ville-la-Grand.
C, III, vol. 3, p. 48 suiv. F, p. 330 suiv.)
A la tête de chaque province, fut placé un Intendant,
soumis à l'Intendant général siégeant à Chambéry.

* * *

Comment étaient administrées les paroisses ?
L'Edit du 15 septembre 1738, et les Instructions adressées
le même jour aux intendants, nous montrent que la communauté du moyen-âge a vécu. Les sindics et les conseils, deve-

nus obligatoires partout, ne sont plus que le rideau derrière lequel manœuvre, sous le nom de *Secrétaire*, le notaire qui constitue à lui seul, dans la main de l'intendant, le véritable sindic et le véritable conseil; qu'on en juge par les pièces officielles qu'il nous parait bon de citer.

EDIT DU ROI
pour la péréquation générale des tributs dans le duché de Savoie (15 septembre 1738)

CHARLES-EMMANUEL III (1732-1773)

Ar 5. — L'expérience ayant fait connaître qu'on ne saurait bien gouverner un corps de communauté, et pourvoir à la conservation de ses droits et de ses intérêts sans un conseil qui soit chargé de ce maniement ; nous ordonnons que ce conseil soit établi généralement, avec la même autorité et les mêmes obligations, dans toutes les paroisses qui n'avaient pas jusquà présent un règlement si convenable au bien public, ayant sur ce donné aux Intendant les instructions nécessaires. (C, IX, vol. 2. p. 147).

INSTRUCTIONS
aux Intendants des provinces (15 septembre 1738)

2. — *Conseil.* — Comme par l'article 5 de l'édit nous avons ordonné l'établissement d'un Conseil dans les paroisses où il n'y en a aucun, vous devrez incessamment les établir dans celles de votre province qui sont de cette nature, et à ces fins vous chargerez les châtelains de faire au plus tôt assembler tous les chefs de famille habitants et possédant biens fonds dans les paroisses, avec ordre de nommer parmi les plus forts en cadastre et plus apparents du lieu, un Sindic, et le nombre de six, de quatre ou de deux autres Conseillers que vous y aurez fixés, suivant la grande, médiocre ou petite étendue du territoire, faisant en sorte d'y comprendre des habitants possédant biens fonds, et des plus apparents des hameaux qui dépendront de la paroisse, où il y en aura. Le châtelain en dressera, et vous en enverra l'acte en due forme, et les élus ne prendront possession de leur charge qu'ensuite de votre approbation, à l'occasion de laquelle vous fixerez le gage au Sindic seulement, payable par la communauté, savoir de trente ou de quinze livres, suivant son étendue.

Vous ordonnerez au Conseil ainsi établi de nommer tous

les ans un nouveau conseiller à la place du Sindic, qui sortira du sindicat, de même que du conseil. Et quant au nouveau Sindic il sera censé nommé celui des conseillers qui se trouvera sucoéder à son antécesseur par ordre d'ancienneté de Conseil ; tellement que le nouveau conseiller prendra toujours la dernière place dans le Conseil, et pendant qu'il y en aura de la première création, le plus âgé d'entre eux sera nommé pour Sindic lors du changement.

Dans les endroits cependant où les Conseils se trouvent déjà établis, vous n'y ferez aucun changement, mais vous en dresserez un état contenant le nombre de tous ceux qui le composent, les gages qui y sont attachés, le temps, les titres ou privilèges de leur création, s'ils en ont, et la règle qu'ils observent en la nomination et changement des officiers et du Conseil. Vous enverrez ensuite cet état à l'Intendant général, pour recevoir par son canal les nouvelles dispositions qu'il nous plaira de donner à ce sujet.

3. — *Secrétaire.* — Et comme le Conseil ne pourrait administrer les biens du public, ni exécuter les devoirs qui en dépendent, sans le secours d'un *Secrétaire*, nous voulons que vous en établissiez un pour chaque paroisse, ou pour quatre, cinq ou six ensemble, suivant qu'elles seront plus ou moins en état de lui en payer le gage annuel, que vous fixerez avec modicité, payable par la communauté ou par différentes communautés, avec une juste proportion, et que les Secrétaires puissent vaquer aux affaires de toutes les paroisses dont ils seront chargés.

Vous formerez un état de tous les secrétaires par vous ainsi établis, des communautés auxquelles ils sont affectés, et vous l'enverrez à l'Intendant général pour en rapporter son approbation, s'il se trouve qu'il n'y ait rien à changer.

Tous ceux qui seront choisis pour remplir cet emploi seront notaires, d'une droiture connue, des plus capables, et habitants de la paroisse. Celui, cependant, qui sera affecté à différentes paroisses résidera dans celle que vous lui indiquerez, la plus à portée des autres de son département, pour qu'il puisse aisément s'y transporter au besoin.

Vous les chargerez d'assister les administrateurs en tout ce qui concerne les affaires économiques de la paroisse : la mappe, le cadastre, le livre de transport, rôle, cottet, compte de l'exacteur, livre de délibération du Conseil et actes consulaires, et généralement l'exécution de nos ordres portés non seulement par l'édit de péréquation, que par tous les précédents, et qui émaneront à l'avenir au sujet de l'administration des intérêts du public, sans qu'ils puissent s'écarter des instructions que vous leur donnerez à cet égard, aussi bien qu'aux administrateurs, afin de prévenir tous abus contraires à nos ordres et au bien public.

4. — Dans ces instructions, vous ordonnerez à tous les administrateurs des villes, bourgs et paroisses de dresser un inventaire de tous les titres et papiers appartenant à la communauté, en y faisant état des endroits où ils se trouvent et des personnes qui en sont nanties, et les chargerez de vous en envoyer un double dans un délai convenable. S'il vous résulte qu'il y en ait entre les mains de quelque particulier, vous donnerez vos ordres pour en assurer le recouvrement. Et afin que d'ore en avant ils soient soigneusement conservés, vous leur ordonnerez de choisir des archives particulières, où il n'y en a encore aucune, pour les y placer, conjointement à la mappe, cadastre, livre de transport et registre des actes consulaires, et d'y établir pour gardiateur leur secrétaire, lequel sera obligé de les y ranger en bon ordre, de les conserver en bon père de famille, ou de les retirer et conserver chez lui pendant qu'on établira les archives, d'en passer, en tout cas, son reçu au bas du double de l'inventaire, que l'on vous enverra comme dessus, et d'en répondre en propre.

Les administrateurs seront attentifs que le secétaire accomplisse son devoir, à peine d'être puni de négligence. Ils feront incessamment transporter du cadastre au livre du transport les biens qui se trouveront avoir changé de possesseur depuis la formation du cadastre, en observant la règle portée par ledit édit.

5. — Il y seront enjoints de veiller au défrichement et recouvrement des biens non cotisés, s'il y en a dans leur territoire, et à la culture et réédification de ceux qui seront en tout ou en partie corrosés, avec de vous informer régulièrement de l'état et situation de ces sortes de biens pour en recevoir vos déterminations, soit pour les faire ajouter au cadastre à la colonne des possesseurs, soit pour les faire inscrire à la taille au soulagement des contribuables, et proportionnément à leurs revenus, soit enfin pour les faire vendre aux enchères publique, si le cas y échoit, en faveur du plus offrant et dernier enchérisseur, au profit de la paroisse, à peine d'être eux-mêmes responsables des préjudices qu'elle en ressentirait, à défaut d'y accomplir.

8. — *Exacteurs*. — Avant cependant que de former ledit

rôle, ils feront publier des affiches ès lieux accoutumés, pour inviter des concurrents à se charger de l'exaction des revenus de la paroisse, s'il y en a, et de la taille, à leur péril et risque, moyennant salaire, et cautionnement. Elle sera délibérée à celui des miseurs qui en fera meilleure condition au profit du public. Ils en feront résulter par contrat, qui vous sera présenté avec le rôle par le député du Conseil. Vous l'examinerez attentivement, ou pour en passer dans l'imposition de la taille le salaire contracté, si vous le trouvez digne d'approbation, ou pour y pourvoir autrement en cas d'abus.

*9. — Mais comme il pourrait arriver que, faute de miseurs, dans quelques paroisses la taille demeurerait sans *Exacteur*, si on n'y pourvoyait autrement, vous ordonnerez, en ce cas, au Sindic de l'exiger lui-même, et d'en compter en trésorerie, aux mêmes termes, peines et obligations imposées à l'Exacteur comme ci-dessus, et ce moyennant le salaire convenable que vous en fixerez, en prenant cependant les précautions requises pour l'assurance du denier public.

10. — Ledit député vous présentera au même temps l'acte de sa députation, le compte du Sindic, ou Exacteur de la taille de la précédente année, dressé, tant au chargement qu'au déchargement, avec le même ordre, et divisé par les mêmes catégories, commé au dit rôle assermenté par le comptable et arrêté par le Conseil. Vous examinerez le dit compte, ou pour y insère au bas votre approbation, ou pour remédier aux inconvénients que vous y trouverez. Et s'il reste quelqu'argent entre les mains de l'exacteur, provenant des casuels ou frais des réparations imposés dans le rôle de la précédente année, vous les porterez en fond dans celui de l'année courante, au soulagement de la cotte générique, ordonnant au comptable de le payer entre les mains du nouvel exacteur.

11. — Vous examinerez attentivement l'emploi fait par la communauté de l'argent desdits casuels ou frais de réparations pour le passer, s'il est fait suivant vos ordres, et avec l'économie et précautions requises, ou pour le rayer, s'il y a quelqu'abus, sauf, en ce cas, à l'exacteur de se pourvoir, pour son remboursement, contre le Sindic ou les administrateurs qui en auront ordonné la dépense, auquel vous rendrez justice sur le champ...

16. — *Visite de l'Intendant.* — Au surplus, vous vous transporterez vous-même dans toutes les villes et commu-

nautés de votre ressort, pendant l'année pour visiter les archives, les mappes, les livres de transport et les registres des actes consulaires, vous informer des démarches des Sindics et Conseillers, et reconnaître si l'on exécute nos ordres, et pourvoir sur le champ à tous les inconvénients que vous y trouverez; et vous ferez cette visite à l'occasion de votre tournée du Tabellion. (C. IX., vol. 2, p. 111.)

* * *

Un Édit du 3 septembre 1749, portant une nouvelle division des provinces, n'intéresse que le Genevois et le Faucigny.

7. — GENEVOIS

Cette province s'enrichit, aux dépens de la Savoie Propre, des paroisses de Boussy, Hauteville-de-Rumilly, Marcellaz, Outrechaise, Saint-Eusèbe, Thusy, Vallières et Vaulx; aux dépens du Faucigny, des paroisses de Cornier, Reignier, Saint-Romain et Scientrier.

8. — FAUCIGNY

Entremont, Passeirier, Petit-Bornand (le), St-Maurice et St-Pierre-de-Rumilly, passèrent du Genevois au Faucigny. (C. III, vol. 3, p. 121 suiv. F, 332.)

Voici maintenant le texte complet de la division administrative introduite par le décret précité du 3 septembre 1749. Les grandes divisions demeurant les mêmes qu'en 1723, nous gardons aussi, avec signification indentique, les mêmes chiffres de 1 à 6, non plus en caractères ordinaires, mais en caractères romains.

I. — SAVOIE PROPRE. Chef-lieu : CHAMBÉRY

Bloye et Sallagine, Cusy, Lornay, Massingy, Moye, Rumilly, St-Marcel, Sales.

II. — GENEVOIS. Chef-lieu : ANNECY

Alby (St-Donat), Alby (St-Maurice), Annecy, Allèves, Alex, Allonzier, Amancy, Andilly, Annecy-le-Vieux, Arbusigny, Arcine, Argonnex, Aviernoz, Avregny, Balme-de-Sillingy (la), Balme-de-Thuy (la), Balmont, Bans, Bassy et Veytrens, Bluffy, Bonneguête, Boussy, Cercier, Cernex, Chainaz, Challonges, Chapelle-Rambaud, Chapéry, Charvonnex, Chavannaz, Chavanod, Chaumont, Chêne, Chessenaz, Chevaline, Chevrier-en-Vuache, Chilly, Choisy, Clarafond, Clefs (les), Clermont, Clusaz (la), Cons, Contamine, Copponex, Cornier, Crempigny, Cruseilles, Cuvat, Desingy, Dingt-St-Clair, Dingy-en-Vuache, Doussard, Droisy, Duingt-Dhéré, Eloise, Entremont, Epagny-d'Annecy, Epagny-de-Chaumont, Esery, Esserts (les), Etaux, Etercy, Etrembières, Evires, Faverges, Ferrières, Franclens, Frasses (les), Frangy, Gevrier, Giez, Grand-Bornand, Groisy-en-Bornes, Gruffy, Hauteville, Héry-sur-Alby, Héry-sur-Ugine, Jonzier, Jussy, Lathuile, Leschaux, Lovagny, Manigod, Marcellaz, Marigny, Marlens, Marlioz, Menthon, Menthonnex-en-Bornes, Menthonnex-sous-Clermont, Mésigny, Metz, Meythet, Minzier, Monnetier-Mornex, Montagny, Montmin, Muraz (la), Mûres, Musiéges, Nâves, Nonglard, Ollières (les), Outrechaise, Pers, Poisy, Présilly, Quintal, Reignier, Roche (la), St-André, St-Blaise, St-Eusèbe, St-Eustache, St-Félix, St-Ferréol, St-Germain, St-Jean-de-Chaumont, St-Jean-de-Sixt, St-Jorioz, St-Martin, St-Romain, St-Sixt, St-Sylvestre, Sallenôve, Sappey (le), Savigny, Scientrier, Serraval, Seynod, Seythenex, Sillingy, Syon, Talloires, Thorens-Sales, Thusy, Ugine, Usinens, Vallières, Vanzy, Vaulx, Versonnex, Veyrier-d'Annecy, Vieugy, Villards-sur-Thônes, Villaz, Villy-le-Bouveret, Villy-le-Pelloux, Viuz-la-Chiésaz, Vovray-en-Bornes, Vulbens.

III. — FAUCIGNY. Chef-lieu : BONNEVILLE

Annemasse, Arâches, Arenthon, Arthaz, Ayse, Bellecombe (N. D. de), Boëge, Bogève, Bonne, Bonneville, Brison, Burdignin, Chamonix, Châtillon, Cluses, Combloux, [Contamines (les)], Contamine-sur-Arve, Cordon, Côte-d'Yot, Cranves, Crest-Voland, Demi-Quartier, Domancy, Entremont, Faucigny, Fillinges, Flumet, Gets (les), Giettaz (la), [Houches (les)], Loëx, Lucinges, Magland, Marignier, Marcellaz, Megève, Mieussy, Monthoux, Mont-Saxonnex, Morillon, Nancy-sur-Cluses, Nangy, Onnion, Passeirier, Passy, Peillonnex, Petit-Bornand, Pontchy, Pont-Notre-Dame, St-André, St-Etienne, St-Laurent, St-Martin, St-Maurice-de-Rumilly, St-Nicolas-de-Véroce, St-Niolas-la-Chapelle, St-Pierre-de-Rumilly, St-Roch, St-Sigismond, Sales, Sallanches, Samoëns et Vallon, Scionzier, Servoz, Sixt, Taninges et Rivière-Enverse, Thiez, Tour (la), Vallorcine, Vétraz, Villard (le), Ville-en-Sallaz, Viuz-en-Sallaz.

IV. — CHABLAIS. Chef-lieu : THONON

Abondance, Allinges, Anthy, Avully, Ballaison, Bellevaux, Bernex, Biot (le), Bons, Brens, Brenthonne, Cervens, Chapelle-d'Abondance, Châtel, Chavanex, Chevénoz, Cusy, Douvaine, Draillant, Excennevex, Évian, Fessy, Féternes, Filly, Forclaz (la), Habère-Lullin, Habère-Poche, Larringes, Loisin, Lugrin, Lullin, Lully, Lyaud et Armoy, Machilly, Margencel, Marin, Massongy, Maxilly, Mégevette, Mesinge, Messery, Montriond, Morzine, Nernier, Neuvecelle, Novel, Orcier, Perrignier, Publier, Reyvroz, St-Cergues, St-Didier, St-Gingolph, St-Jean-d'Aulph, St-Paul, Saxel, Sciez, Thollon, Thonon, Vacheresse, Vailly, Veigy, Vérnaz (la), Vigny, Vinzier.

V. — BAILLIAGE DE TERNIER

Archamps et Collonges, Beaumont, Jussy et Châble, Bossey, Chénex, Feigères, Neydens, St-Julien, Thairy, Valléry, Vers, Viry.

VI. — BAILLIAGE DE GAILLARD

Ambilly, Foncenex, Juvigny, Ville-la-Grand.

* * *

Il était réservé au successeur de Charles-Emmanuel, son fils Victor-Amédée III, d'introduire dans les divisions administratives un nouvel élément dont la durée ne fut guère de plus d'un demi-siècle.

CHAPITRE DEUXIÉME

Création de la province de Carouge, 1780

N° 9

Les lettres-patentes de Victor-Amédée III, du 2 mai 1780, nous font ainsi connaitre la volonté souveraine : Nous établissons au lieu de Carouge une nouvelle Intendance, voulons qu'on y transfère le siège de la Judicature-Maje, et le bureau d'insinuation, qui sont actuellement à St-Julien ; déclarons que toutes les paroisses portées dans l'état inséré au bas des présentes seront dorénavant du ressort de l'intendance et de la judicature-maje que nous venons d'établir à Carouge.

L'Etat annoncé est le suivant :

9. — PAROISSES DU BAILLIAGE DE TERNIER

Archamp et Collonges, Beaumont, Jussy et Châble, Bossey, Chénex, Feigères, Neydens, St-Julien, Thairy, Valléry, Vers, Viry, Avusy et Humilly.

9. — PAROISSES DU BAILLIAGE DE GAILLARD

Ambilly, Foncenex, Juvigny, Ville-la-Grand.

9. — AUTRES PAROISSES AGREGEES

Andilly, Annemasse, Arcine, Bons, Bassy et Veytrens, Cercier, Cernex, Challonges, Chaumont, Chavannaz, Chêne, Chessenaz, Chevrier-au-Vuache, Clarafond, Contamine-en-Genevois, Copponex, Cruseilles, Dingy-au-Vuache, Eloise et Certoud d'Arlod, Epagny-de-Chaumont, Etrembières, Franclens, Frangy, Jonzier, Marlioz, Minzier, Monnetier-Mornex, Monthoux, Musiéges, Présilly, St-Blaise, St-Germain, St-Jean-de-Chaumont, Sallenôve, Savigny, Usinens, Vanzy, Veigy, Vétraz, Vovray, Vulbens. (Raccolta, III, 1ʳ part., p. 196. — Dessaix. p. 331).

CHAPITRE TROISIÈME

La Révolution en Savoie, 1792-1798

N° 10 à 13 incl.

Pour trouver une modification importante apportée à l'administration de notre pays mise en vigueur par les trois premiers rois de Sardaigne, il faut aller jusqu'au décret du 26 octobre 1792.

A la séance du matin de ce jour, l'Assemblée nationale des Allobroges décréta les articles suivants :

Art. 1. — Les corps administratifs des villes, bourgs, paroisses ou communautés, connus sous le nom de *Conseil*, sont supprimés et abolis ; et cependant les officiers actuellement en exercice continueront leurs fonctions, sous la dénomination d'officier municipaux, et jusqu'à ce qu'ils aient été remplacés.

II. — Chaque commune sera convoquée par les administrateurs actuels en assemblée générale, paisiblement et sans armes, et ce dans la huitaine dès la publication du présent décret, pour procéder à l'élection des citoyens destinés à former une municipalité provisoire. Et avant que de commencer l'élection, tous les citoyens, en levant la main, prêteront serment de *fidélité à la nation, à la liberté, à l'égalité, et de mourir en les défendant.*

III. — Le corps municipal s'occupera seul des objets d'administration journalière. Et pour ceux qui sont relatifs à l'intérêt général de la commune, en formant la municipalité, l'on nommera des adjoints dans le rapport déterminé ci-après. Leur réunion formera le Conseil général, et et les adjoints seront sans fonctions hors des cas du Conseil général.

IV. — Les membres des corps municipaux seront au nombre de trois, y compris le maire, qui présidera le conseil et le convoquera — dans les communes qui n'excèdent pas deux cents âmes — et dans les conseils généraux, ils auront deux adjoints.

Lorsque la population sera de cinq cents et au-dessous, le nombre sera de cinq, et trois adjoints.

Depuis cinq cents jusqu'à mille, de sept, et quatre adjoints.

Depuis mille jusqu'à trois mille, de neuf et cinq adjoints.

Depuis trois mille jusqu'à neuf mille, de douze, et huit adjoints.

Depuis neuf mille et au-dessus, de seize, et douze adjoints.

V. — Il y aura dans chaque municipalité un procureur de la commune, sans voix délibérative ; il sera chargé de défendre les intérêts et poursuivre les affaires de la commune.

VI. — Dans les communes au-dessus de trois mille âmes, il y aura en outre un substitut du procureur, lequel, à défaut de celui-ci, en exercera les fonctions.

VII. — Il y aura dans chaque muncipalité un secrétaire nommé par le conseil général ; il ne sera pas nécessaire que ce secrétaire soit notaire.

VIII. — Les parents en ligne directe, les frères et les alliés au premier degré, ne pourront être en même temps membres du même corps municipal, ni les citoyens revêtus par leur état de la force armée et en exercice, ni les autres fonctionnaires publics dans le ressort de la municipalité.

IX. — Avant que d'entrer en exercice, le maire et les autres membres du conseil municipal prêteront serment de *remplir leurs fonctions avec exactitude et probité*, le maire en présence de la commune, et les autres officiers entre les mains du maire.

X. — Lorsque le maire et les officiers municipaux seront en fonction, ils porteront, pour marque distinctive, par dessus l'habit et en baudrier, une écharpe aux trois couleurs, savoir bleue, blanche et rouge.

XI. — Dès que les municipalités seront organisées, chaque citoyen, depuis l'âge de 18 ans jusqu'à 60, devra se faire inscrire aux registres de la maison commune, pour être chaque jour, à tour de rôle, et en nombre déterminé, en état de réquisition permanente lorsque les officiers municipaux l'ordonneront, pour la sûreté publique. Ces citoyense inscrits s'organiseront en gardes nationales, suivant le règlement qui sera envoyé aux communes par la commission provisoire d'administration. Nul citoyen n'est exempt du service de garde national, sauf aux fonctionnaires publics en activité de service de se faire représenter.

XII. — Tous les citoyens devront déclarer à la municipalité, dans la huitaine dès son organisation, les armes dont ils sont possesseurs, leur nombre et leur qualité, afin qu'elles soient prêtes dans tous les cas où la force armée serait jugée nécessaire.

XIII. — Les officiers municipaux sont expressément chargés de veiller au maintien exact de la police, à la sûreté des personnes et des propriétés dans tous l'étendue de leur ressort... (Dessaix, Histoire de la réunion de la Savoie à la France en 1792, p. 237.)

ORGANISATION DEPARTEMENTALE (1793)

L'organisation municipale fut bientôt suivie de l'organisation départementale ; ce fut le travail des représentants du peuple, promulgué par leur proclamation du 29 janvier 1793 ; nous en donnons le texte complet :

Egalité — Liberté, etc.

PROCLAMATION

*Les Commissaires de la Convention nationale
pour l'organisation du département du Mont-Blanc*

Les Commissaires de la Convention Nationale pour l'organisation du département du Mont-Blanc, considérant qu'il importe que tous les citoyens soient instruits des lois relatives tant à la composition des Assemblées primaires et aux formes des élections, qu'à l'organisation des diverses autorités ;

Considérant néanmoins que ces lois très multipliées, et promulguées à des époques différentes, renferment des dispositions dont plusieurs ont été abrogées ou réformées d'après les vrais principes de la Liberté et de l'Egalité, et que la promulgation de toutes ces lois, outre qu'elle serait dispendieuse, pourrait, en occasionnant une confusion d'idées, faire naître des incertitudes, et retarder la marche des opérations ;

On arrête de réunir et proclamer, en la forme suivante, les lois actuellement existantes concernant l'organisation du département.

ASSEMBLEES PRIMAIRES

Art. I. — Chaque département est divisé en *Districts*, dont le nombre ne peut être ni au-dessous de trois, ni au-dessus de neuf.

II. — Chaque district est partagé en divisions appelées

Cantons, d'environ quatre lieues carrées (lieues communes de France).

III. — Tous les citoyens qui auront le droit de voter se réuniront, non en assemblées de paroisse ou de communauté, mais en assemblées primaires, par cantons.

IV. — Pour être admis à voter dans les assemblées primaires, il suffira d'être français, âgé de 21 ans, domicilié depuis un an, vivant de son revenu ou du produit de son travail, et n'étant pas en état de domesticité.

V. — L'exclusion des assemblées politiques pour cause de domesticité, s'entend seulement de ceux qui sont attachés au service habituel des personnes. La loi invite les assemblées primaires à ne contester l'admission et le droit de suffrage à aucun de ceux dont les travaux ordinaires s'appliquent à l'industrie, au commerce et à l'agriculture, si d'ailleurs ils réunissent les conditions exigées par les lois.

VI. — Aucun banqueroutier, failli ou débiteur insolvable ne pourra être admis dans les assemblées primaires.

VII. — Il en sera de même des enfants qui auront reçu et qui retiendront, à quelque titre que ce soit, une portion des biens de leur père mort insolvable, sans payer leur part virile de ses dettes, excepté seulement les enfants mariés, et qui auront reçu des dots avant la faillite de leur père ou avant son insolvabilité notoirement connue.

VIII. — Ceux qui étant dans l'un des cas d'exclusion ci-dessus, feront cesser la cause de cette exclusion en payant leurs créanciers, ou en acquittant leur portion virile des dettes de leur père, rentreront dans l'exercice des droits de citoyens.

IX. — La portion virile des dettes est, pour chaque enfant, la part des dettes qu'il aurait été tenu de payer s'il eut hérité de son père.

X. — Nul citoyen ne pourra exercer son droit dans plus d'un endroit, et, dans aucune assemblée, personne ne pourra se faire représenter par un autre.

XI. — Les citoyens se réuniront pour la formation des assemblées primaires, sans aucune distinction, de quelqu'état et condition qu'ils soient.

XII. — Il y aura au moins une assemblée primaire en chaque canton, quel que soit le nombre de citoyens ayant droit de voter.

XIII. — Lorsque le nombre des citoyens ayant droit de

voter dans un canton ne s'élèvera pas à neuf cents, il n'y aura qu'une assemblée en ce canton; mais dès le nombre de neuf cents, il s'en formera deux, de quatre cent cinquante au moins.

XIV. — Chaque assemblée tendra toujours à se former, autant qu'il sera possible, au nombre de six cents, de telle sorte, néanmoins que, s'il y a plusieurs assemblées dans ce canton, la moins nombreuse soit au moins de quatre cent cinquante.

Ainsi au-delà de neuf cents, mais avant mille cinquante, il ne pourra y avoir une assemblée complète de six cents, puisque la seconde aurait moins de quatre cent cinquante.

Dès le nombre de mille cinquante, et au-delà, la première assemblée sera de six cents, et la seconde de quatre cent cinquante au plus.

Si le nombre s'élève à quatorze cents, il n'y en aura que deux, une de six cents et l'autre de huit cents; mais à quinze cents, il s'en formera trois, une de six cents et deux de quatre cent cinquante, et ainsi de suite, suivant le nombre des citoyens de chaque canton ayant droit de voter.

XV. — Le nombre des assemblées primaires sera déterminé, dans chaque canton, par celui des citoyens domiciliés dans le canton qui auront le droit de se présenter aux assemblées quoiqu'il puisse arriver que tous ne s'y rendent pas en effet.

XVI. — Les villes auront particulièrement leurs assemblées primaires. Celles de quatre mille âmes et au-dessous n'en auront qu'une; il y en aura deux dans celles de quatre mille âmes jusqu'à huit mille, trois dans celles de huit mille âmes jusqu'à douze mille, et ainsi de suite. Ces assemblées ne se formeront pas par métiers, professions ou corporations, mais elles se formeront par quartiers ou arrondissements.

XVII. — Il est défendu à tous citoyens de porter aucune espèce d'armes, ni bâtons, dans les assemblées primaires. Il est enjoint aux maires et officiers municipaux d'y veiller, tant en empêchant les citoyens de partir armés pour le chef-lieu du canton, qu'en obligeant, en arrivant dans le chef-lieu, les citoyens des différentes communes de déposer les armes qu'ils pourraient avoir et leurs bâtons, avant d'entrer dans l'assemblée.

XVIII. — Chaque assemblée primaire, aussitôt qu'elle sera formée, élira son président, son secrétaire et ses scrutateurs. Jusqu'à ce que ces premières élections soient faites, le doyen d'âge tiendra la séance, un des membres de l'assemblée fera les fonctions de secrétaire, et les trois plus anciens d'âge, après le doyen, recueilleront et dépouilleront le scrutin pour les dites élections, en présence de l'assemblée.

XIX. — L'élection du président, du secrétaire et de trois scrutateurs sera faite par un seul scrutin, et à la pluralité relative des suffrages.

XX. — Pour procéder à cette élection, chaque citoyen écrira dans un même billet autant de noms qu'il y a de nominations à faire, et désignera à la suite de chaque nom la fonction pour laquelle il donne son suffrage.

XXI. — L'élection à la pluralité relative est celle pour laquelle il suffit d'avoir obtenu plus de voix que ses compétiteurs, quoique ce plus grand nombre de voix obtenues ne s'élève pas à la moitié du nombre total des suffrages.

XXII. — Les trois plus anciens de ceux qui savent écrire pourront seuls écrire au premier scrutin, en présence les uns des autres, le bulletin de tout citoyen qui ne pourrait l'écrire lui-même. Lorsqu'on aura nommé des scrutateurs, ces scrutateurs pourront seuls, après avoir prêté le serment de bien remplir leurs fonctions et de garder le secret, écrire, pour les scrutins postérieurs, les bulletins de ceux qui ne sauront point écrire.

XXIII. — Tout bulletin ou billet qui aura été apporté dans l'assemblée et qui n'aura pas été écrit, ou par le votant lui-même sur le bureau, ou dicté par lui aux scrutateurs, s'il ne sait pas écrire, sera rejeté comme nul.

XXIV. — L'élection étant faite, en la forme ci-dessus, du président, du secrétaire et des trois scrutateurs, le président et le secrétaire prêteront aussitôt à l'assemblée le serment de *maintenir la liberté et l'égalité, ou de mourir en les défendant*, et le président recevra ensuite celui de l'assemblée, avant qu'il puisse être fait aucune autre opération. (Ceux qui refuseront de prêter ce serment seront *incapables* d'élire et d'être élus).

XXV. — Après le serment civique prêté par les membres de l'assemblée, le président prononcera, avant de commencer les scrutins, cette formule de serment : *Vous jurez et promettez de ne nommer que ceux que vous aurez choisis en votre âme et conscience comme les plus dignes de la confiance publique, sans avoir été déterminé par dons, promesses, sollicitations ou menaces...* Cette formule sera écrite en caractère très visible, et exposée à côté du vase du scrutin. Chaque citoyen apportant son bulletin lèvera la main, et, en le mettant dans le vase, prononcera à haute voie : *Je le jure.*

XXVI. — Chaque assemblée primaire choisira les électeurs qu'elle aura le droit de nommer dans tous les citoyens éligibles du canton.

XXVII. — Il suffit, pour être éligible comme électeur, d'être âgé de vingt-cinq ans, et de réunir les conditions exigées par l'article IV.

XXVIII. — Le choix des assemblées primaires pourra porter sur tout citoyen réunissant les conditions ci-dessus rappelées, quelles que soient les fonctions publiques qu'il exerce, ou qu'il ait ci-devant exercées.

XXIX. — Les électeurs seront choisis par les assemblées primaires en un scrutin de liste simple.

XXX. — Le scrutin de liste simple est celui par lequel on vote à la fois sur tous les sujets à élire, en écrivant autant de noms dans le même billet qu'il y a de nominations à faire.

XXXI. — Il n'y aura que deux tours de scrutin dans toutes les élections. Lorsqu'on y procèdera par scrutin de liste simple, ceux qui auront obtenu au premier tour de scrutin la pluralité absolue des suffrages, c'est-à-dire la moitié des voix plus une, sont élus ; et s'il y a lieu à un second tour de scrutin, chaque votant n'écrira dans son billet qu'autant de noms qu'il reste de sujets à élire, et la majorité même relative, produite par ce second tour de scrutin, déterminera l'élection.

XXXII. — Les assemblées primaires seront juges de la validité des titres de ceux qui prétendront y être admis.

XXXIII. — Il ne pourra être admis dans les assemblées primaires que des citoyens ayant droit de voter. Aucun citoyen, dont le droit sera reconnu, de quelqu'état ou profession qu'il soit, ne pourra en être exclu.

XXXIV. — Tout citoyen qui dans une assemblée se portera à quelque violence, fera quelques menaces, engagera quelqu'acte de révolte, exclura ou proposera d'exclure de l'assemblée quelque citoyen dont le droit d'y être admis aura été reconnu, sous le prétexte de son état, de sa profession, et sous tout autre prétexte, sera jugé à l'instant par l'assemblée même, condamné à se retirer, et privé de son droit de suffrage.

XXXV. — Les officiers municipaux, tant du chef-lieu du

canton que des communes dont les habitants composeront les assemblées primaires, se concerteront ensemble, pour avoir une force suffisante à l'effet de maintenir la tranquillité publique et l'exécution des articles ci-dessus dans le lieu de l'assemblée, sans néanmoins qu'aucune garde de sûreté puisse être introduite dans l'intérieur, sans le vœu exprès de l'assemblée ; si ce n'est qu'on y commit des violences, auquel cas l'ordre du président suffira pour appeler la force publique. Le président pourra aussi, en cas de violences, lever seul la séance ; autrement elle ne pourra être levée sans avoir pris le vœu de l'assemblée.

XXXVI. — Il sera délivré à chaque électeur, pour lui servir de pouvoir, un extrait du procès-verbal de son élection, signé par le président et le secrétaire de l'assemblée primaire.

XXXVII. — Après la nomination des électeurs, les assemblées primaires procèderont de suite à l'élection des *Juges de paix*, *Assesseurs* et *Greffiers* des juges de paix.

XXXVIII. — Il y aura dans chaque canton un juge de paix, et des prudhommes assesseurs des juges de paix.

XXXIX. — S'il y a dans le canton une ou plusieurs villes ou bourgs dont la population excède deux mille âmes, ces villes ou bourgs auront un juge de paix et des prudhommes particuliers.

XL. — Les villes et bourgs qui contiendront plus de huit mille âmes auront le nombre de juges de paix qui sera déterminé par le Corps Législatif, d'après les renseignements qui seront donnés par l'administration du département.

XLI. — Il suffit, pour être juge de paix, d'avoir l'âge de vingt-cinq ans, et de remplir toutes les autres fonctions d'éligibilité ci-dessus prescrites.

XLII. — Il n'est pas nécessaire, pour être éligible aux places de juge de paix d'être actuellement domicilié dans le canton ; mais ceux qui auront accepté leur nomination seront tenus de résider assidûment dans le canton.

XLIII. — Le juge de paix sera élu au scrutin individuel, et à pluralité absolue des suffrages.

XLIV. — Le scrutin individuel est celui par lequel on vote séparément sur chacun des sujets à élire, en recommençant autant de scrutins particuliers qu'il y a de nominations à faire.

XLV. — Toutes les fois qu'on procède à une élection par

scrutin individuel, si le premier tour de scrutin n'a pas produit la majorité absolue, le second tour n'aura lieu qu'entre les deux candidats qui auront obtenu le plus de suffrages ; et en cas de partage des voix à ce second tour de scrutin, le plus ancien d'âge sera préféré.

XLVI. — S'il y a plusieurs assemblées primaires dans le canton, le recensement de leur scrutin particulier sera mis en commun par des Commissaires de chaque assemblée. Il en sera de même dans les villes et bourgs au-dessus de 8.000 âmes à l'égard des sections qui concourront à la nomination du même juge de paix.

XLVII. — Une expédition de l'acte de nomination du juge de paix sera envoyée et déposée au greffe du tribunal du district ; l'acte de nomination et celui du dépôt au greffe tiendront lieu de provision au juge de paix.

XLVIII. — Les mêmes électeurs nommeront, parmi les citoyens éligibles de chaque municipalité, au scrutin de liste et à la pluralité relative, quatre notables destinés à faire les fonctions d'assesseurs du juge de paix ; le juge appellera ceux qui seront nommés dans la municipalité du lieu où il aura besoin de leur assistance.

XLIX. — Dans les villes et bourgs dont la population excèdera 8.000 âmes, les prudhommes assesseurs seront nommés en commun par les sections qui concourront à l'élection du juge de paix, et à cet effet elles recevront leurs scrutins particuliers, comme il est dit en l'article XLVI.

L. — Il sera ensuite procédé au scrutin individuel, par chaque assemblée primaire, à la nomination d'un greffier du juge de paix. Il suffira, pour être élu à cette fonction, d'avoir l'âge de 25 ans, et de réunir les autres conditions d'éligibilité. Le greffier sera dispensé de tout cautionnement.

LI. — Les juges de paix et leurs greffiers seront tenus, avant de commencer leurs fonctions, de prêter, devant le conseil général de la commune du lieu de leur domicile respectif, le serment *d'être fidèle à la Nation, de maintenir la liberté et l'égalité, ou de mourir à leur poste, et de remplir avec exactitude et impartialité les fonctions de leur office.*

LII. — Ce même serment sera prêté par les assesseurs, dans les mains du juge de paix, la première fois qu'ils l'assisteront, et il en sera dressé acte.

LIII. — Les juges de paix pourront porter, attaché au côté gauche de l'habit, un médaillon ovale en étoffe, bordure rouge, fond bleu, sur lequel seront écrits en lettres blanches ces mots : *La loi et la paix.*

ASSEMBLÉES ÉLECTORALES

LIV. — Il n'y aura qu'un seul degré d'élection intermédiaire entre des assemblées primaires et l'assemblée nationale.

LV. — Tous les électeurs nommés par les assemblées primaires du département se réuniront, sans distinction d'état ni condition, en une seule assemblée, dans le chef-lieu du département, pour procéder aux élections suivantes :

LVI. — L'assemblée électorale se mettra en activité, sans que l'absence d'un nombre quelconque d'électeurs puisse en retarder les opérations ; les électeurs qui arriveront ensuite avec des titres en règle seront admis à l'époque où ils se présenteront.

LVII. — Aussitôt que l'assemblée des électeurs sera formée, ils procèderont, dans le même ordre et dans la même forme que les assemblées primaires, à la nomination du président, secrétaire et scrutateur, et à la prestation du serment civique, conformément aux articles 18, 19, 20, 21, 22, 23 et 24.

LVIII. — L'assemblée électorale pourra accélérer ses opérations en arrêtant, à la pluralité des voix, de se partager en plusieurs bureaux, composés au moins de cent électeurs, pris proportionnellement dans les différents districts, qui procèderont séparément aux élections, et qui députeront chacun deux Commissaires chargés de faire ensemble le recensement des scrutins ; les bureaux procèderont tous au même moment aux élections.

LIX. — Après le serment civique prêté par les membres de l'assemblée, dans les termes prescrits par l'article 24, le président de l'assemblée ou de chacun des bureaux, avant de commencer les scrutins, prononcera et fera écrire la formule du serment dans les termes et suivant la forme prescrits par l'article 25, et chaque citoyen prêtera ce serment, ainsi qu'il est indiqué par le même article.

LX. — Les dispositions contenues dans les articles 32, 33, 34 et 35, relatives tant à la validité des titres d'admission qu'à la police des assemblées primaires, sont communes aux assemblées électorales.

Nomination des députés à la Convention nationale, et de leurs suppléants.

LXI. — Les électeurs procèderont d'abord à la nomination des députés à la Convention nationale, dont le nombre a été provisoirement fixé à dix, par le décret du 27 novembre 1792, concernant la réunion de la Savoie à la République française.

LXII. — Il suffira, pour être éligible comme député, d'être âgé de 25 ans, et de réunir les conditions exigées par l'article 4.

LXIII. — Le choix des électeurs pourra porter sur tout citoyen réunissant les conditions ci-dessus rappelées, quelles que soient les fonctions qu'il exerce, ou qu'il ait ci-devant exercées.

LXIV. — Les députés à la Convention nationale seront élus au scrutin individuel, et à la pluralité absolue des suffrages.

LXV. — Les électeurs nommeront, au scrutin individuel et à la pluralité absolue des suffrages, quatre suppléants, qui devront réunir les mêmes conditions d'éligibilité que les députés à la Convention nationale, pour remplacer ceux-ci en cas de mort ou de démission.

LXVI. — Toute convention de répartir entre les districts ou de choisir successivement entre les districts les députés au Corps législatif, rendra nulles les élections.

LXVII. — L'acte d'élection sera le seul titre des fonctions des députés à la Convention nationale.

Formation et organisation de l'administration du département.

LXVIII. — Il n'y aura qu'un seul degré d'élection intermédiaire entre les assemblées primaires et les assemblées administratives.

LXIX. — L'administration du département, composée de 36 membres, est divisée en deux sections ; l'une portera le titre de *Conseil du département*, et l'autre celui de *Directoire du département*.

LXX. — L'administration du département a en outre un *Procureur-général-sindic*.

LXXI. — Après avoir nommé les députés à la Convention nationale et leurs suppléants, les mêmes électeurs procèderont d'abord, par scrutin individuel, à la pluralité absolue des suffrages, à la nomination du *procureur-général-sindic* du département.

LXXII. — Les électeurs procèderont ensuite, par un scrutin de liste simple : 1° à la nomination des membres qui, au nombre de huit, composeront le *Directoire* du département ; 2° à la nomination des autres membres de l'administration, et parmi ces derniers les quatre citoyens qui auront réuni le plus de voix seront suppléants des membres du directoire, et y remplaceront ceux dont les places deviendront vacantes par mort, démission ou autrement.

LXXIII. — Aussitôt que les membres composant l'administration du département auront été nommés, ils entreront en fonctions, après avoir prêté, dans la salle de leur session, et en présence du public prévenu 24 heures d'avance par affiches, le serment *d'être fidèle à la Nation, de maintenir de tout leur pouvoir la liberté et l'égalité, ou de mourir à leur poste ;* de quoi il sera dressé procès-verbal.

LXXIV. — L'administration du département nommera son président et son secrétaire, au scrutin individuel et à la pluralité absolue des suffrages.

Elle choisira et désignera celui des membres du directoire qui devra remplacer momentanément le procureur-général-sindic en cas d'absence, de maladie ou autre empêchement.

Le président de l'administration du département pourra assister, et aura le droit de présider à toutes les séances du directoire, qui pourra néanmoins se choisir un vice-président.

LXXV. — L'administration de département et le procureur-général-sindic porteront, dans l'exercice de leurs fonctions, un ruban tricolore en sautoir et une médaille de métal jaune sur laquelle on lira ces mots : *Respect à la loi.* La médaille du procureur-général-sindic sera attachée au ruban, à la distance de deux pouces, par une tresse et deux glands de la couleur de la médaille.

Nomination des Président, Accusateur public, et Greffier du Tribunal criminel

LXXVI. — Il y aura un tribunal criminel établi dans le lieu qui sera le siège de l'administration du département. Les électeurs du département nommeront le président, l'accusateur public et le greffier du tribunal criminel au scrutin individuel, et à la pluralité absolue des suffrages.

LXXVII. — Les choix pour les fonctions administratives

et judiciaires, ainsi que pour toutes les autres fonctions publiques, pourront être faits indistinctement parmi tous les citoyens et fils de cioyens, âgés de 25 ans accomplis, domiciliés depuis un an, et n'étant pas en état de domesticité ou de mendicité ; mais les parents, jusqu'au degré de cousins issus de germains inclusivement, et alliés dans le même degré, ne pourront pas être ensemble membres du même directoire d'administration, ni juges dans le même tribunal ?

LXXVIII. — Nul ne pourra être en même temps officier municipal, membre du directoire du département, ou de district, ou d'un tribunal.

Formation et organisation de l'administration de district

LXXIX. — Les électeurs de chaque district, c'est-à-dire tous ceux qui auront été nommés par les assemblées primaires du ressort du même district, se rendront de suite au chef-lieu du district, et s'y réuniront pour procéder aux élections suivantes :

LXXX. — Chaque assemblée des électeurs de district nommera son président, son secrétaire et trois scrutateurs, ainsi qu'il a été dit pour les assemblées primaires, et pour l'assemblée générale des électeurs du département.

LXXXI. — Chaque administration de district, composée de douze membres, est divisée en deux sections : l'une portera le titre de *Conseil direct*, et l'autre celui de *Directoire du district*.

LXXXII. — L'administration du district a en outre un Procureur-sindic.

LXXXIII. — Les électeurs de district procèderont d'abord, par un scrutin individuel et à la pluralité des suffrages, à la nomination du procureur-sindic.

LXXXIV. — Ils procèderont ensuite, par un scrutin de liste simple : 1° à la nomination des membres qui, au nombre de quatre, composeront le directoire du district ; 2° à la nomination des autres membres de l'administration, et parmi ces derniers, les deux citoyens qui auront réuni le plus de voix seront suppléants des membres du directoire, et y remplaceront ceux dont les places deviendront vacantes par mort, démission ou autrement.

LXXXV. — Aussitôt que les membres composant l'administration du district auront été nommés, ils entreront en fonction, après avoir prêté le serment en la forme indiquée par l'article 73.

LXXXVI. — Les dispostions contenues dans l'article 74 ci-dessus, pour l'administration du département, auront lieu de la même manière pour les administrations du district.

LXXXVII. — Les dispositions de l'article 75, relatives au costume, auront également lieu pour les administrateurs et le procureur-sindic de district, si ce n'est que la médaille de ceux-ci sera de *métal blanc.*

Formation et organisation du tribunal de district

LXXXVIII. — Il y aura, en chaque district, un tribunal composé de cinq juges, auprès duquel il y aura un commissaire national chargé des fonctions du ministère public, lesquels seront tenus de résider dans le lieu où le tribunal est établi. Les suppléants y seront au nombre de quatre, dont deux au moins seront pris dans la ville de l'établissement, ou tenus de l'habiter.

LXXXIX. — Il y aura en chaque tribunal un greffier, âgé de 25 ans accomplis, lequel sera tenu de présenter aux juges et de faire admettre au serment un ou plusieurs commis également âgés de 25 ans, en nombre suffisant pour le remplacer, en cas d'empêchement légitime, desquels il sera responsable. Il sera en outre tenu de fournir un cautionnement de douze mille livres en immeubles, qui sera reçu par les juges.

XC. — Les électeurs procèderont à la nomination des juges, du commissaire national, des suppléants des juges et du greffier, au scrutin individuel et à la pluralité absolue des suffrages.

XCI. — Les juges, commissaires nationaux et greffiers seront installés sur le seul procès-verbal de leur élection.

Le Commissaire national auprès de chaque tribunal fera passer au ministre de la justice le procès-verbal de l'installation.

XCII. — Cette installation se fera en la forme suivante. Les membres du conseil général de la commune du lieu où le tribunal sera établi se rendront en la salle d'audience, et y occuperont le siège.

XCIII. — Les juges, le commissaire national et le greffier, introduits dans l'intérieur du parquet, prêteront, devant les membres du conseil général de la commune, et en présence des citoyens, le serment *d'être fidèles à la Nation, de maintenir la liberté et l'égalité, ou de mourir à leur poste, et de remplir avec exactitude et impartialité les fonctions qui leur sont confiées.*

XCIV. — Après ce serment prêté, les membres du conseil général de la commune, descendus dans le parquet, installeront les juges, le commissaire national et le greffier, et, au nom du peuple, prononceront pour lui *l'engagement de porter au tribual et à ses jugements le respect et l'obéissance que tout citoyen doit à la loi et à ses organes.*

XCV. — Celui des juges qui aura été élu le premier sera président du tribunal.

XCVI. — Les juges, étant en fonctions, porteront l'habit noir, le manteau de drap ou de soie noir ; les parements du manteau seront de la même couleur, et un ruban en sautoir aux trois couleurs de la nation, au bout duquel sera attachée une médaille dorée, sur laquelle seront écrits ces mots : *La loi.* Ils auront la tête couverte d'un chapeau rond, relevé sur le devant, et surmonté d'un panache de plumes noires.

Les commissaires nationaux, étant en fonctions, auront le même habit et le même chapeau, à la différence que le chapeau sera relevé en avant par un bouton et une gance d'or, et que sur la médaille seront écrits ces mots : *La loi et la République Française.*

XCVII. — Les greffiers, étant en fonctions, auront un chapeau rond, relevé sur le devant, sans panache, et un manteau pareil à celui des juges.

Formation des bureaux de paix

XCVIII. — En chaque lieu où il y aura un tribunal de district, les électeurs du district choisiront, après la nomination des juges, six citoyens, qui formeront le bureau de paix du district.

Directeurs des postes aux lettres

XCIX. — Les électeurs de district procèderont ensuite à la nomination des directeurs des postes de leurs arrondissements respectifs.

C. — Les élus aux directions des postes n'entreront en fonction qu'après avoir fait passer aux administrations des postes le procès-verbal de leur élection, et fourni le cautionnement qu'il est d'usage d'exiger de ces employés. Les directeurs des postes demeureront toujours subordonnés aux administrateurs des postes, qui pourront, en cas de malversation, les suspendre provisoirement, et les remplacer, à la charge d'en instruire le pouvoir exécutif, qui lui-même en référera à la Convention nationale.

La Commission provisoire d'Administraton générale est chargée de faire publier et afficher la présente proclamation dans toute l'étendue du département du Mont-Blanc, et d'en certifier les Commissaires de la Convention nationale.

A Chambéry, ce 22 janvier 1793, l'an second de la République Française.

Signés : Simond, Grégoire, Hérault, Jagot (1).

A la suite de la proclamation ci-dessus, le chef-lieu du département du Mont-Blanc fut établi à Chambéry. Le nouveau département, qui était le 83ᵉ de la République française, se subdivisait en sept districts, comprenant 83 cantons et 652 communes.

Laissant de côté les districts de Chambéry, de Moûtiers et de St-Jean-de-Maurienne, nous nous attacherons à ceux d'Annecy, de Carouge, de Cluses et de Thonon.

---

10 — DISTRICT D'ANNECY

10/1 — Canton d'Alby

Alby, Allèves, Balmont, Chainaz, Chapéry, Cusy, Frasses (les), Gruffy, Héry-sur-Alby, Marigny, Mûres, St-Félix, St-Sylvestre, Viuz-la-Chiésaz.

10,2 — ANNECY

Annecy, Annecy-le-Vieux, Chavanod, Epagny, Etercy, Gevrier, Meythet, Montagny, Nâves, Poisy, Quintal, Sévrier, Seynod, Vieugy.

10/3 — ARBUSIGNY

Arbusigny, Evires, Groisy, Menthonnex-en-Bornes, Sappey (le).

10 4 — CLERMONT

Bonneguête, Chilly, Clermont, Crempigny, Desingy, Droisy, Menthonnex-sous-Clermont.

---

(1) L'imprimerie de l'armée des Alpes (20 pages, mesurant 0.235 × 0,180). Arch. départ. de la Hte-Savoie, sans classement.

10/5 — *DUINGT*

Doussard, Duingt-d'Héré, Entrevernes, Lathuile, Leschaux, St-Eustache, St-Jorioz.

10/6 — FAVERGES

Chevaline, Cons-Ste-Colombe, Faverges, Giez, Marlens, St-Ferréol, Seythenex, [Viuz-Faverges].

10/7 — *GRAND-BORNAND (le)*

Clusaz (la), Entremont, Grand-Bornand (le), St-Jean-de-Sixt.

10/8 — PRINGY

Allonzier, Argonnex, Charvonnex, Cuvat, Ferrières, Lovagny, Metz, Nonglard, Pringy, Saint-Martin, Villaz, Villy-le-Pelloux.

10/9 — ROCHE (la)

Amancy, Chapelle-Rambaud (la), Etaux, Petit-Bornand (le), Roche (la), St-Sixt.

10/10 — *RUMILLY*

Bloye-Sallagine, Boussy, Hauteville, Lornay, Marcellaz, Massingy, Rumilly, St-André, St-Marcel, Sales, Syon, Villières, Versonnex.

10/11 — SILLINGY

Balme-de-Sillingy (la), Choisy, Mésigny, St-Eusèbe, Sillingy, Thusy, Vaulx.

10/12 — TALLOIRES

[...]ex, Duffy, Menthon, Montmin, Talloires, Veyrier.

10/13 — THONES

Balme-de-Thuy (la), [Bouchet (le)], Clefs (les), Dingy-St-Clair (1), Manigod, Serraval, Thônes, Villards (les).

(1) Le 1 juin 1793, cette commune fut rattachée au canton d'Annecy (Inventaire de la série L du département de la Savoie, col. 56). Dingy-Saint-Clair est encore du canton d'Annecy-Nord.

10/14 — THORENS

Aviernoz, Ollières (les), Thorens.

10/15 — UGINES

[Cohennoz (le)], Héry-sur-Ugine, Outrechaise, Ugine.

---

11 — DISTRICT DE CAROUGE

11/1 — Canton d'Annemasse

Ambilly, Annemasse, Esserts, Etrembières, Foncenex, Juvigny, Monnetier-Mornex, Monthoux, Veigy, Vétraz, Ville-la-Grand.

11/2 — *BONNE*

Arthaz, Bonne, Contamine-sur-Arve, Cranves, Fillinges, Loëx, Lucinges, Marcellaz, Nangy, Pont-Notre-Dame, Sales.

11/3 — *CAROUGE*

Archamps, Bossey, Collonges.

11/4 — CHAUMONT

Arcine, Chaumont, Chavannaz, Chessenaz, Clarafond, Contamine, Eloise, Epagny-de-Chaumont, Jonzier, Marlioz, Minzier, Savigny.

11/5 — CRUSEILLES

Andilly, Avregny, Cercier, Cernex, Copponex, Cruseilles, St-Blaise, Villy-le-Bouveret, Vovray.

11/6 — FRANGY

Bassy et Veytrens, Challonge, Chêne, Franclens, Frangy, Musièges, St-Germain, Sallenôve, Seyssel, Usinens, Vanzy.

11/7 — REIGNIER

Arenthon, Cornier, Esery, Jussy, Muraz (la), Pers, Reignier, St-Romain.

11/8 — VIRY

Beaumont, Jussy et Châble, Chénex, Chevrier, Dingy-au-Vuache.

12 — DISTRICT DE CLUSES

transféré à Bonneville, par le Représentant Cassanyes, le 21 septembre 1795.

12/1 — Canton de BONNEVILLE

Ayse, Bonneville, Brison, Côte-d'Yot (la), Marignier, Mont-Saxonnex et Vougy, Passeirier, Pontchy, St-Etienne, St-Laurent, St-Maurice-de-Rumilly, St-Pierre-de-Rumilly.

12/2 — CHAMONIX

[Argentièrs], Chamonix, Houches (les), Vallorcine.

12/3 — CLUSES

Arâches, Chatillon, Cluses, Frasse (la), Magland, Nancy-sur-Cluses, St-Sigismond, Scionzier, Thiez.

12/4 — FLUMET

Bellecombe (N.-D. de), [Chaucisse], Crest-Voland, Flumet, Giettaz (la), St-Nicolas-la-Chapelle.

12/5 — MEGEVE

Demi-Quartier, Megève, Praz.

12/6 — SAINT-GERVAIS

Contamines, [Plagnes (les)], Saint-Gervais, Saint-Nicolas-de-Véroce.

12/7 — SALLANCHES

Combloux, Cordon, Domancy, Passy, St-Martin, St-Roch, Sallanches, Servoz.

12/8 — *SAMOËNS*

Morillon, Samoëns, Sixt, Vallon, [Verchaix].

12/9 — TANINGES

Côte-d'Arbroz, Gets (les), Mieussy, Rivière-Enverse, Taninges.

12/10 — VIUZ-EN-SALLAZ

Boëge, Bogève, Burdignin, Faucigny, Onnion, Peillonnex, St-André, St-Jean-de-Tholome, St-Jeoire, Tour (la), Vil'ard (le), Ville-en-Sallaz, Viuz-en-Sallaz.

---

13 — DISTRICT DE THONON

13/1 — Canton d'*ABONDANCE*

Abondance, [Bonnevaux], Chapelle-d'Abondance (la), Châtel, Chevénoz, Vacheresse.

13/2 — DOUVAINE

Ancien canton de Ballaison

Ballaison, Chavannex, Cusy, Douvaine, Excennevex, Filly, Loisin, Massongy, Messery, Nernier, Yvoire.

13/3 — *BIOT* (le)

Biot (le), Forclaz (la), Montriond, Morzine, St-Jean-d'Aulph, Vernaz (la).

13/4 — BONS

Bons, Brens, Brenthonne, Cervens, Fessy, Lully, Machilly, Perrignier, St-Cergues, St-Didier, Saxel.

13/5 — EVIAN

Bernex, Evian, Féternes, Larringes, Lugrin, Marin, Maxilly, [Meillerie], Neuvecelle, Novel, Publier, St-Gingolph, St-Paul, Thollon, Vinzier.

13/6 — *LULLIN*

Bellevaux, Habère-Lullin, Habère-Poche, Lullin, Mégevette, Reyvroz, Vailly.

13/7 — THONON

Allinges, Anthy, Draillant, Lyaud et Armoy, Margencel, Orcier, Sciez, Thonon, Mesinge.

CHAPITRE QUATRIÈME

Création du Département du Léman en 1798

**Département du Léman ajouté à celui du Mont-Blanc
1798. — N° 14 à 17 incl.**

**Réduction du nombre des Justices de Paix
1801. — N° 18 à 21 incl.**

Entremont à Bonneville, 1810, n° 22

Le département du Léman a été formé par la loi du 8 fructidor an VI (25 août 1798), comme suite du traité du 7 floréal (26 avril) de la même année, portant l'union de la ville et république de Genève à la France (Bulletin des lois, an 6, 2ᵉ série, n° 1937).

L'arrondissement de Bonneville s'adjoignit les cantons de la Roche et de Thorens, détachés du district d'Annecy.

Le district de Carouge disparut dans le canton de Genève, auquel on ajouta le canton d'Arbusigny, séparé du district d'Annecy.

Dans le district de Thonon, le chef-lieu du canton de Ballaison fut transporté à Douvaine. Voici maintenant le texte de la loi relative à la création du département du Léman :

LOI

*portant qu'il sera formé un nouveau département sous   ***
de département du LÉMAN.*

Art. 1ᵉʳ.   « Il sera formé un nouveau département sous le nom du *Léman.*

II. — « Ce département sera composé du territoire genevois, ensemble des cantons de Gex, Ferney-Voltaire, Thoiri, Collonge, Arbusigny, La Roche, Thorens, Viuz-en-Sallaz, Bonneville, Cluses, Taninges, Samoëns, Carouge, Viry, Chaumont, Frangy, Cruseilles, Annemasse, Bonne, Reignier, Thonon,

Evian, le Biot, Notre-Dame d'Abondance, Lullin, Bons, Douvaine, lesquels sont respectivement détachés des départements de l'Ain et du Mont-Blanc.

III. — « La partie du territoire genevois connue actuellement sous le nom de district de *Jussy*, sera réunie au canton d'Annemasse ; les parties connues sous le nom de districts de *Céligny* et de *Genthod*, seront réunies au canton de Ferney-Voltaire ; celles connues sous le nom de districts de *Cartigny*, *Chancy* et *Avully*, seront réunies au canton de Viry.

IV. — « Le reste du territoire genevois sera divisé en trois cantons, dont un pour la commune de Genève *intra muros ;* un second, qui sera composé des parties actuellement connues sous le nom de districts de *Cologny*, des *Eaux-Vives*, de *Plein-Palais*, de *Vandœuvres* et de *Chêne*, ensemble de la commune de Chêne-Thonex, qui sera détachée du canton d'Annemasse, pour ne faire qu'une seule commune avec celle du même nom située sur le territoire genevois. Le troisième sera composé des parties actuellement connues sous le nom de districts de *Dardagny*, *Russin*, *Satigny*, *Petit-Sacconay*, et de la commune de Vernier, qui sera détachée du canton de Ferney-Voltaire. Les commune de Chêne et de Vernier seront les chefs-lieux des cantons où elles se trouvent.

V. — « Genève sera le chef-lieu du département du Léman, et le siège des tribunaux civil et criminel. Il y aura aussi dans cette commune un tribunal de commerce, un hôtel des monnaies, un bureau de timbre et d'enregistrement, et une école centrale. Le Directoire exécutif est autorisé à organiser cette école, dans les délais et avec les précautions qu'il jugera convenables.

VI. — « Les tribunaux des départements du Mont-Blanc, de l'Ain et du Jura, seront des tribunaux d'appel du département du Léman.

VII. — « Le département du Léman aura trois tribunaux de police correctionnelle : le premier, placé à Genève, comprendra dans son arrondissement les cantons de Genève, Chêne, Vernier, Gex, Ferney-Voltaire, Thoiri, Collonge, Carouge, Viry, Chaumont, Frangy, Cruseilles, Annemasse, Bonne, Reignier et Arbusigny ; le second, placé à Thonon, comprendra dans son arrondissement les cantons de Thonon, Evian, le Biot, Notre-Dame d'Abondance, Lullin, Bons et Douvaine ; le troisième, placé à Bonneville, comprendra dans son arrondissement les cantons de Bonneville, La Roche, Thorens, Cluses, Viuz-en-Sallaz, Taninges et Samoëns.

VIII. — « Il y aura, dans le département du Léman, deux arrondissements de recette, l'un à Genève, et l'autre à Thonon. Celui de Thonon comprendra les cantons de Thonon, Evian, le Biot, Notre-Dame d'Abondance, Lullin, Bons et Douvaine ; celui de Genève comprendra le reste du département.

IX. — « La commune de Genève aura deux justices de paix : l'une comprendra l'arrondissement actuel de J. J. Rousseau, celui de la Douane, et l'Isle ; l'autre comprendra le surplus de l'arrondissement actuel du Parc, et celui du Collège.

X. — « Le Directoire exécutif nommera provisoirement, et jusqu'aux élections de l'an VII, les membres de l'administration centrale et des tribunaux civil et criminel ; il nommera aussi provisoirement, et jusqu'aux mêmes élections, pour les cantons composant l'ancien territoire genevois, les autorités constituées, dont la nomination appartient aux assemblées primaires et communales.

XI. — « Le Directoire exécutif fera promulguer, sans délai, la Constitution et les lois de la République, dans l'étendue du nouveau département ; ces lois y seront exécutoires à compter du 1er vendémiaire de l'an VII ».

8 fructidor, an VI de la République française.
(Bulletin des lois, an 6, 2e série, n° 1975, p. 12).

✶ ✶ ✶

A la suite de la Constitution de l'an VIII (13 décembre 1799), la loi du 28 pluviose de cette même année (17 février 1800), régla la division du territoire de la République, et son administration ; en voici le texte :

« Au nom du peuple français, *Bonaparte*, premier Consul, proclame loi de la République le décret suivant, rendu par le Corps législatif le 28 pluviose an VIII, conformément à la proposition faite par le Gouvernement le 18 du même mois, communiquée au Tribunal.

DECRET

TITRE PREMIER

Division du territoire

Art. 1er. — Le territoire européen de la République sera divisé en départements et en arrondissements communaux, conformément au tableau annexé à la présente loi.

Titre II

Administration

§ 1ᵉʳ — Administration du département

II. — Il y aura, dans chaque département, un préfet, un conseil de préfecture et un conseil général de département, lesquels rempliront les fonctions exercées maintenant par les administrations et commissaires de départements.

Le conseil de préfecture sera composé de cinq membres, et le conseil général le sera de vingt-quatre, dans le département du Mont-Blanc ; de trois membres, et le conseil général de seize, dans le département du Léman.

III. — Le Préfet sera chargé de l'administration.

IV. — Le conseil de préfecture prononcera...

V. — Lorsque le Préfet assistera au conseil de préfecture, il présidera ; en cas de partage, il aura voix prépondérante.

VI. — Le Conseil général de département s'assemblera chaque année ; l'époque de sa réunion sera déterminée par le Gouvernement ; la durée de sa session ne pourra excéder quinze jours...

§ II. — Administration communale

VIII. — Dans chaque arrondissement communal, il y aura un sous-préfet, et un conseil d'arrondissement, composé de onze membres.

IX. — Le sous-préfet remplira les fonctions exercées maintenant par les administrations municipales et les commissaires de canton, à la réserve de celles qui sont attribuées ci-après au conseil d'arrondissement et aux municipalités.

X. — Le conseil d'arrondissement s'assemblera chaque année ; l'époque de sa réunion sera déterminée par le Gouvernement ; la durée de sa session ne pourra excéder quinze jours...

Dans les arrondissements communaux où sera situé le chef-lieu de département, il n'y aura point de sous-préfet...

§ III. — Municipalités

XII. — Dans les villes, bourgs et autres lieux pour lesquels il y a maintenant un agent municipal et un adjoint, et dont la population n'excédera pas 2.500 habitants, il y aura un maire et un adjoint ; dans les villes ou bourgs de 2.500 à 5.000 habitants, un maire et deux adjoints ; dans les villes de 5.000 habitants à 10.000, un maire, deux adjoints, et un commissaire de police, il y aura un adjoint par 20.000 habitants d'excédant, et un commissaire par 10.000 d'excédant.

XIII. — Les maires et adjoints rempliront les fonctions administratives exercées maintenant par l'agent municipal et l'adjoint. Relativement à la police et à l'état civil, ils rempliront les fonctions exercées maintenant par les administrations municipales de canton, les agents municipaux et adjoints.

XIV. — Dans les villes de 100.000 habitants et au-dessus, il y aura un maire et un adjoint à la place de chaque administration municipale ; il y aura de plus un commissaire général de police, auquel les commissaires de police seront subordonnés, et qui sera subordonné au préfet. Néanmoins, il exécutera les ordres qu'il recevra immédiatement du ministre chargé de la police.

XV. — Il y aura un conseil municipal dans chaque ville, bourg ou autre lieu pour lequel il existe un agent municipal et un adjoint.

Le nombre de ses membres sera de dix dans les lieux dont la population n'excèdera par 2.500 habitants ; de 20 dans ceux où elle n'excèdera pas 5.000, de trente dans ceux où la population est plus nombreuse.

Ce conseil s'assemblera chaque année le 15 pluviose, et pourra rester assemblé quinze jours.

Il pourra être convoqué extraordinairement par ordre du préfet...

§ IV. — Des nominations

XVIII. — Le premier Consul nommera les préfets, les conseillers de préfecture, les membres des conseils généraux de département, le secrétaire général de préfecture, les sous-préfets, les membres des conseils d'arrondissement, les maires et adjoints des villes de plus de 5.000 habitants, les commissaires généraux de police, et préfet de police dans les villes où il en sera établi.

XIX. — Les membres des conseils généraux de département, et ceux des conseils d'arrondissements communaux seront nommés pour trois ans ; ils pourront être continués.

XX. — Les préfets nommeront, et pourront suspendre de leurs fonctions les membres des conseils municipaux. Ils nommeront et pourront suspendre les maires et adjoints dans les villes dont la population est au-dessous de 5.000 habitants. Les membres des conseils municipaux seront nommés pour trois ans ; ils pourront être continués.

TABLEAU
des départements et des arrondissements communaux de la République Française

(Voir ci-devant, p. 39 à 43, la nomenclature des communes par cantons, faisant partie de chacun des quatre districts du Mont-Blanc).

45 — LEMAN

14 — Arrondissement communal de BONNEVILLE

Cantons :

14/1, Bonneville ; 14/2, Chamonix ; 14/3, Cluses ; 14/4, Flumet ; 14/5, Megève ; 14/6, La Roche ; 14/7, St-Gervais ; 14/8, Sallanches ; 14/9, Samoëns ; 14/10, Taninges ; 14/11, Thorens ; 14/12, Viuz-en-Sallaz.

15 — Arrondissement communal de *GENEVE*

15/1, Annemasse ; 15/2, Arbusigny ; 15/3, Bonne ; 15/4, Chaumont ; 15/5, Cruseilles ; 15/6, Frangy ; 15/7, Reignier ; 15/8, Viry.

(Il entrait encore dans cet arrondissement les cantons de Carouge, Chêne, Collonges, Fernex-Voltaire, Genève, Gex, Thoiry et Vernier).

16 — Arrondissement de THONON

16/1, Abondance ; 16/2, Biot (le) ; 16/3, Bons ; 16/4, Douvaine ; 16/5, Evian ; 16/6, Lullin ; 16/7, Thonon.

L'arrondissement de Bonneville comptait.. ... 12 cantons
L'arrondissement de Genève comptait......... 16 cantons
L'arrondissement de Thonon comptait........ 7 cantons

Total........ 35 cantons

61 — Département du MONT-BLANC

17 — Arrondissement d'ANNECY

17/1, Alby ; 17/2, Annecy ; 17/3, Clermont ; 17/4, Duingt ; 17/5, Faverges ; 17/6, Grand-Bornand (le) ; 17/7, Pringy ; 17/8, Rumilly ; 17/9, Sillingy ; 17/10, Talloires ; 17/11, Thônes ; 17/12, Ugine.

L'arrondissement de Chambéry comprenait...   22 cantons
L'arrondissement d'Annecy comprenait........ 12 cantons
L'arrondissement de Moûtiers comprenait..... 10 cantons
L'arrondissement de Saint-Jean-de-Maurienne
comprenait ....   11 cantons

Total........   55 cantons

(Bulletin des lois de la République Française, 3ᵉ série, tome premier, nᵒ 17. Il est parlé du Léman à la page 47, et du Mont-Blanc à la page 63).

***

En exécuton de la loi du VIII pluviose an IX (28 janvier 1801), ordonnant la réduction des justices de paix ou des cantons, un arrêté des Consuls opéra cette réduction, le 27 brumaire an X (18 novembre 1801), dans le département du Léman, et le 17 frimaire même année (8 décembre 1801), dans celui du Mont-Blanc (1). Le premier département passa de 35 à 23 cantons, et le second de 55 à 32.

Département du LEMAN

Rien de changé quant aux trois *arrondissements* de Bonneville, de Genève et de Thonon formant le département.

Dans l'arrondissement de Bonneville, le canton de Flumet ne fait plus qu'un avec celui de Megève, le canton de Saint-Gervais avec celui de Sallanches, et le canton de Thorens avec celui de La Roche.

Genève renferme les deux cantons du Centre et Ville, et de l'Ouest. Saint-Julien, en devenant chef-lieu du canton de Viry, s'annexe la presque totalité des communes du canton de Cruseilles. Les cantons d'Annemasse, d'Arbusigny, de Bonne, de Chaumont, de Fernex-Voltaire, de Thoiry et de Vernier ont le sort de celui de Cruseilles ; ils disparaissent.

Ainsi en est-il, dans l'arrondissement de Thonon, du canton d'Abondance, qui passe à Evian ; du canton de Lullin, qui passe à Thonon. Le canton de Bons est rayé, ainsi que celui du Biot, dont le chef-lieu est reporté à St-Jean-d'Aulph. Telle est, dans ses grandes lignes, l'économie de la loi précitée.

____

(1) Bulletin des lois de la République Françai-e, 3ᵉ série, t. 5 ; p. 19 et 219).

18 — Arrondissement communal de BONNEVILLE

Cantons :

18/1 BONNEVILLE. — Ayse, Bonneville, Brison, Côte-d'Yot (la), Faucigny, Marignier, Mont-Saxonnex, Pesseirier, Petit-Bornand (le), Pontchy, St-Etienne, St-Laurent, St-Maurice-de-Rumilly, St-Pierre-de-Rumilly, Vougy.

18/2 CHAMONIX. — [Argentières], Chamonix, Houches (les), Servoz, Vallorcine.

18/3 CLUSES. — Arâches, Châtillon, Cluses, [Frasse (la)], Magland, Nancy-sur-Cluses, St-Sigismond, Scionzier, Thiez.

18/4 MEGEVE. — Bellecombe (N.-D. de), Crest-Voland, Demi-Quartier-de-Megève, Flumet, Giettaz (la), Megève, St-Nicolas-la-Chapelle.

18/5 ROCHE (la). — Amancy, Aviernoz, Chapelle-Rambaud (la), Etaux, Ollières (les), Roche (la), St-Sixt, Thorens.

18/6 SALLANCHES. — Combloux, Contamines (les), Cordon, Domancy, Passy, [Plagues (les)], St-Gervais, St-Martin, St-Nicolas-de-Véroce, St-Roch, Sallanches.

18/7 SAMOENS. — Morillon, Samoëns, Sixt, Vallon, [Verchaix].

18/8 TANINGES — Côte-d'Arbroz (la), Gets (les), Mieussy, Rivière-Enverse (la), Taninges.

18/9 VIUZ-EN-SALLAZ. — Boëge, Bogève, Burdignin, Onnion, Peillonnex, St-André, St-Jean-de-Tholome, St-Jeoire, Tour (la), Villard (le), Ville-en-Sallaz, Viuz-en-Sallaz.

19 — Arrondissement communal de GENEVE

Cantons :

19/1 — CAROUGE. — Bossey-Troinex, Collonges-Archamps, Etrembières, Monnetier-Mornex.

19/2 CHENE-THONEX. — Ambilly, Annemasse, Arthaz, Bonne, Contamine-sur-Arve, Cranves-Sales, Esserts (les), Fillinges, Juvigny, Loëx, Lucinges, Marcellaz, Monthoux, Nangy, Pont-Notre-Dame, Veigy-Foncenex, Vétraz, Ville-la-Grand.

19/3 FRANGY. — Arcine, Avregny, Bassy, Cercier, Challonges, Chaumont, Chavannaz, Chêne-en-Semine, Chessenaz, Clarafond, Contamine-sous-Marlioz, Eloise, Epagny, Franclens, Frangy, Jonziez, Marlioz, Minzier, Musièges, St-Germain, Sallenôve, Savigny, Usinens, Vanzy.

19/4 — REIGNIER. — Arbusigny, Arenthon, Cornier, Esery, Evires, Groisy, Jussy-sous-Pers, Menthonnex, Muraz (la), Pers, Reignier, St-Romain, Sappey (le), Scientrier.

19/5 — SAINT-JULIEN. — Andilly, Avusy, Beaumont, Cernex, Chénex, Chevrier, Copponex, Cruseilles, Dingy, Feigères, Neydens, Présilly, St-Blaise, Thairy, Valleiry, Vers, Villy-le-Bouveret, Viry, Vovray, Vulbens.

(Faisaient partie du même arrondissement les cantons de Collonges, les deux de Genève, et celui de Gex).

20 — Arrondissement communal de THONON

Cantons :

20/1 DOUVAINE. — Ballaison, Bons, Brens, Cusy, Douvaine, Excennevex, Loisin, Machilly, Massongy, Messery, Nernier, St-Cergues, St-Didier, Yvoire.

20/2 EVIAN. — Abondance, Bernex, [Bonnevaux], Chapelle-d'Abondance (la), Châtel, Chevénoz, Evian, Féternes, Larringes, Lugrin, Marin, Maxilly, [Meillerie], Neuvecelle, Novel, Publier, St Gingolph, St-Paul, Thollon, Vacheresse, Vinzier.

20/3 SAINT-JEAN-D'AULPH. — Biot (le), Forclaz (la), Montriond, Morzine, St-Jean-d'Aulph, Vernaz (la).

20/4 THONON. — Allinges, Anthy, Armoy-Lyaud, Bellevaux, Brenthonne, Cervens, Draillant, Fessy, Filly, Habère-Lullin, Habère-Poche, Lullin, Lully, Margencel, Mégevette, Mesinge, Orcier, Perrignier, Reyvroz, Saxel, Sciez-Chavannex, Thonon, Vailly.

* * *

La réduction des justices de paix a surtout porté sur l'arrondissement d'Annecy, qui en a perdu huit, pour n'en conserver que cinq.

Les cantons perdus sont ceux d'Alby, de Clermont, de Duingt, du Grand-Bornand, de Pringy, de Sillingy, de Talloires et d'Ugine.

Les cantons de Clermont, du Grand-Bornand et d'Ugine ont passé tout entiers aux cantons de Rumilly, de Thônes et de Faverges ; à l'exception de Marigny-St-Marcel et de St-Félix, englobés par le canton de Rumilly, le canton d'Alby s'est fondu dans celui d'Annecy-Sud ; du canton de Duingt, Doussard, Entrevernes et Lathuile ont passé à Faverges — Duingt, Leschaux, St-Eustache et St-Jorioz à Annecy-Sud ;

le canton de Pringy est entré dans celui d'Annecy-Nord, moins Lovagny et Nonglard attribués à Annecy-Sud ; les cantons de Sillingy et de Talloires sont également venus à Annecy-Nord. Pour le premier, St-Eusèbe, Thusy et Vaulx ont été annexés à Rumilly ; pour le second, Montmin à Faverges.

21 — Arrondissement communal d'ANNECY

21/1 ANNECY-NORD. — Alex, Allonzier, Annecy, Annecy-le-Vieux, Argonnex, Balme-de-Sillingy (la), Bluffy, Charvonnex, Choisy, Cuvat, Ferrières, Menthon, Mésigny, Metz, Nâves, Pringy, St-Martin, Sillingy, Talloires, Veyrier, Villaz, Villy-le-Pelloux.

21 2 ANNECY-SUD --- Alby, Allèves, Balmont, Chainaz, Chapéiry, Chavanod, Cusy, Duingt, Epagny, Etercy, Frasses (les), Gevrier, Gruffy, Héry-sur-Alby, Leschaux, Lovagny, Meythet, Montagny, Mûres, Nonglard, Poisy, Quintal, St-Eustache, St-Jorioz, St-Sylvestre, Sévrier, Seynod, Vieugy, Viuz-la-Chiésaz.

21/3 — FAVERGES. -- Chevaline, Cohennoz (le), Cons, Doussard, Entrevernes, Faverges, Giez, Héry-sur-Ugines, Lathuile, Marlens, Montmin, Outrechaise, St-Ferréol, Seythenex, Ugine, [Viuz-Faverges].

21 4 — RUMILLY. — Bloye, Bonneguête, Boussy, Chilly, Clermont, Crempigny, Desingy, Droisy, Hauteville, Lornay, Marcellaz, Marigny, Massingy, Menthonnex, Moye, Rumilly, St-André, St-Eusèbe, St-Félix, St-Marcel, Sales, Syon, Thusy, Vallières, Vaulx, Versonnex.

21 5 THONES. — Balme-de-Thuy (la), [Bouchet (le)], Clefs (les), Clusaz (la), Dingy-St-Clair, Entremont, Grand-Bornand (le), Manigod, St-Jean-de-Sixt, Serraval, Thônes, Villards (les).

* * *

22 — Un décret impérial du 9 février 1810 (1) porte : « La commune d'Entremont sera distraite du département du Mont-Blanc et réunie à celui du Léman, et fera partie du canton de Bonneville. »

------

(1) D, 1e sér. t. 12, N° 5187, p. 120.

CHAPITRE CINQUIÈME

Première Restauration, 1814-1815

La Savoie redevient Savoyarde — 1815.
Création de la Province de Haute-Savoie.
Six provinces divisées en Mandements — 1816.
N° 23 à 29 incl.
Cinq provinces, 1818, *N° 30 à 34 incl.*
Détails administratifs.

Les dates du 11 avril 1814 et du 22 juin 1815, sont celles des deux abdications de Napoléon ; elles rappellent le retour d'abord partiel, puis complet de ses anciens États à la Maison de Savoie.

Dans le traité de paix entre le roi de France Louis XVIII et les puissances alliées, conclu à Paris le 30 mai 1814, les articles qui nous intéressent sont les suivants :

...7° « Dans le département du Léman, les frontières entre le territoire français, le pays de Vaud, et les différentes portions du territoire de la République de Genève (qui fera partie de la Suisse), restent les mêms qu'elles étaient avant l'incorporation de la Suisse à la France. Mais le canton de Frangy, celui de St-Julien (à l'exception de la partie située au nord d'une ligne à tirer du point où la rivière de la Laire entre, près de Chancy, dans le territoire genevois, le long des confins de Sésegnin, Laconex et Sézeneuve, qui resteront hors des limites de la France) ; le canton d Reignier (à l'exception de la portion qui se trouve à l'est d'une ligne qui suit les confins de la Muraz, Jussy, Pers et Cornier, qui seront hors des limites françaises) ; et le canton de La Roche (à l'exception des endroits nommés La Roche et Amancy, avec leurs districts), resteront à la France ; la frontière suivra les limites de ces différents cantons, et les lignes qui séparent les portions qui demeurent à la France de celles qu'elle ne conserve pas.

8° « Dans le départment du Mont-Blanc, la France acquiert

la sous-préfecture de Chambéry (à l'exception des cantons de l'Hôpital, de St-Pierre-d'Albigny, de la Rochette et de Montmélian) ; et la sous-préfecture d'Annecy (à l'exception de la partie du canton de Faverges située à l'est d'une ligne qui passe entre Outrechaise et Marlens du côté de la France, et Marthod et Ugine du côté opposé, et qui suit après la crête des montagnes jusqu'à la frontière du canton de Thônes) ; c'est cette ligne qui,, avec la limite des cantons mentionnés, formera de ce côté la nouvelle frontière. »

(Bulletin de lois, 1814, 5ᵉ série, 1 et 2, n° 130, p. 173).

* * *

Comme suite au traité du 30 mai 1814, le roi de Sardaigne établit à Conflans le centre judiciaire, et à l'Hôpital le centre administratif de la partie de ses anciens Etats qui lui avait été rendue.

De son côté, le roi de France, par la loi du 8 novembre 1814, ordonna la « division du département du Mont-Blanc en trois arrondissements communaux ».

3. — « Le département du Mont-Blanc, formé des arrondissements de Chambéry, d'Annecy, et de la portion du territoire qui, par le traité de paix du 30 mai 1814, a été détaché de l'ancien département du Léman et conservée à la France, est divisé en trois arrondissements communaux, dont les chefs-lieux sont Chambéry, Annecy et Rumilly.

5. — « L'arrondissement d'Annecy est composé des cantons d'Annecy (nord), d'Annecy (sud), de Faverges, de Cruseilles, de Thônes et de Thorens.

6. — « L'arrondissement de Rumilly est composé des cantons de Rumilly (nord), de Rumily (sud), de Frangy, de St-Julien, et de Ruffieux.

7. — « Il sera établi à Rumilly un tribnual formé d'un président, de deux juges, d'un procureur du Roi, d'un substitut et d'un greffier... »

(Bulletin des lois, 1814, 5ᵉ série, 1 et 2, n° 415, p. 351).

* * *

Il fallait maintenant organiser la partie de notre pays rendue par le traité de Paris.

Victor-Emmanuel Iᵉʳ chargea de ce soin son Commissaire Plénipotentiaire, le comte Jh Galleani d'Agliano. Le 10 septembre 1814, celui-ci lança une proclamation par laquelle « les employés civils et judiciaires continueraient à exercer leurs fonctions, provisoirement, comme par le passé, jusqu'à ce qu'il y fût autrement pourvu ». (Recueil d'Edits, etc., t. I, p. 1).

En ce qui concerne l'organisation judiciaire, il y fut pourvu le 8 janvier 1815, par Ordonnance du même Commissaire, « portant publication du Tableau général des provinces du duché de Savoie, divisées en Mandements, *quant à l'administration de la justice* ». (Ibid., p. 156 suiv.)

L'ordonnance précitée a modifié comme suit, dans ses grandes lignes, les arrêtés des Consuls des 18 novembre et 8 décembre 1801, restreignant le nombre des cantons dans les départements du Léman et du Mont-Blanc.

Evidemment, il n'est pas fait mention de l'arrondissement communal d'Annecy, ni du canton de Saint-Julien, qui n'avaient point encore été rendus.

Le canton de Chêne-Thonex passa presqu'en entier au mandement de Reignier.

Le canton de Viuz-en-Sallaz devint mandement de Saint-Jeoire, et le canton de St-Jean-d'Aulph devint mandement du Biot.

Le noveau mandement d'Abondance fut formé aux dépens du canton d'Evian, et le nouveau mandement de Bons aux dépens du canton de Thonon.

* * *

Pendant qu'à l'île d'Elbe Napoléon préparait les Cent-Jours, les plénipotentiaires réunis à Vienne se partageaient les lambeaux de la France impériale.

Après le désastre de Waterloo, on songea à donner au roi de Sardaigne sa part d'héritage du prisonnier de Ste-Hélène. Le « Protocole pour régler les dispositions relatives aux territoires et places cédés par la France » etc., « paraphé à Paris le 3, et signé le 20 novembre 1815 », renferme au paragraphe premier, traitant des « Dispositions relatives aux cessions à faire par la France », l'article V ainsi rédigé :

« Pour faire participer Sa Majesté le Roi de Sardaigne, dans une juste proportion, aux avantages qui résultent des arrangements présents avec la France, il est convenu que la partie de la Savoie qui était restée à la France, en vertu du traité de Paris du 30 mai 1814, sera réunie aux Etats de sa dite Majesté, *à l'exception de la commune de St-Julien*, qui sera remise au canton de Genève... »

(Traités publics de la Royale Maison de Savoie, etc. t. IV, p. 226).

Le 15 décembre suivant, eut lieu l' « Acte de rémission

à S. M. le Roi de Sardaigne de la partie de la Savoie conservée à la France par le traité de Paris, et rendue à S. M. par celui du 20 novembre 1815 ». (Ibid., p. 234 suiv.)

Qu'il nous soit permis de devancer l'ordre chronologique, pour ajouter que le traité du 16 mars 1816, signé à Turin, entre « S. M. le Roi de Sardaigne, la Confédération Suisse et le Canton de Genève », nous rendit « la portion de la commune de St-Julien où le chef-lieu est situé ». (Ibid., p. 237 suiv.). La restitution était enfin complète.

*** * ***

A peine rentré en possession de ses Etats héréditaires, Victor-Emmanuel Ier remit en vigueur l'administration donnée à notre pays par ses ancêtres, mais avec certaines modifications « suggérées par les différentes circonstances de temps »; tel fut l'objet des Lettres-Patentes qu'on va lire :

LETTRES-PATENTES
31 décembre 1815

« Par le règlement approuvé par lettres-patentes du 6 juin 1775 (1), l'administration des communes fut établie d'après les principes et avec les précautions qui avaient été jugées les plus propres à procurer l'utilité générale de l'Etat, et les plus conformes aux besoins des villes et des communes. Mais les dispositions ultérieures qui furent suggérées par les différentes circonstances de temps, ayant apporté un changement considérable dans l'ensemble des objets contemplés par le dit règlement, il arriva que, d'un côté, plusieurs de ces dispositions manquèrent de leur application, et que, d'un autre côté, différents objets qui, en origine, étaient étrangers à l'administration des communes, ou qui tout au plus n'en étaient qu'accessoires, demeurèrent sans direction spéciale...

----

(1) Ce règlement a été publié par la « Raccolta », t. 9, p. 11. En plus de 60 pages (596 à 655), il renferme 12 titres, dont quelques-uns sont subdivisés en chapitres. Il y est question des Conseils, des Secrétaires, des mesures territoriales, des mappes, cadastre, livre de transports; des moyens de faire rentrer dans le devoir les militaires insoumis, les exacteurs infidèles, les débiteurs en retard; des secours à l'occasion de la tempête, des logements et fournitures à préparer par les particuliers à l'occasion du passage et du séjour de la troupe, etc. La pièce dont nous venons de donner une analyse sommaire est écrite en italien.

« C'est pourquoi nous avons ordonné et ordonnons ce qui suit :

Art. 1er. — « Dans toute les administrations des villes et des communes de nos états de terre-ferme, à l'exception des villes qui ont obtenu une organisation particulière par nos lettres-patenes, et auxquelles nous nous réservons de pourvoir spécialement le cas échéant, on ajoutera, au nombre ordinaire des administrateurs, un sujet qui sera choisi de la manière ci-après indiquée :

Art. 2. — « Dans le mois de janvier prochain, et successivement toutes les années dans le mois d'octobre, chaque conseil de ville et de commune présentera à l'intendant de la province un tableau contenant la désignation d'un nombre d'individus égal à celui des administrateurs, avec indication de la capacité, profession, fortune et moralité de chacun d'eux, pour qu'il résulte du degré de leur aptitude à remplir les charges de sindic.

« Les administrateurs qui se trouveront en exercice lors de la formation du dit tableau, seront censés en faire partie, pour être nommés sindic.

« Les intendants, sur les informations qu'ils recueilleront en particulier, feront, à l'égard des tableaux, toutes les observations qu'ils croiront à propos, et les transmettront ensuite avec sollicitude au général de nos finances.

Art. 3. — « Sur la présentation qui nous sera faite des dits tableaux, nous nommerons directement les sindics de toutes les villes dont la population ne sera pas moindre de trois mille âmes ; les autres sindics seront nommés par les intendants des provinces, avec l'approbation du général de nos finances.

« Les sindics ainsi nommés exerceront leurs fonctions pendant deux années, et, à l'échéance de ce terme, ils pourront être confirmés dans leur emploi. Cependant, ceux qui auront été nommés par les intendants ne pourront être confirmés sans notre approbation.

Art. 4. — « Pour que les nominations des sindics, qui tomberaient toutes dans la même année, ne rendent cette opération moins facile et exacte, voulons que les villes et communes de chaque province soient divisées en deux classes, et que les syndics de la première classe soient, pour cette première fois, maintenus pendant trois ans dans l'exercice de leurs fonctions.

Art. 5. — « A l'objet d'empêcher que l'adjonction d'un nouveau membre au conseil ne rende pair le nombre des suffrages, nous établissons que le conseiller moins ancien ne puisse voter que dans le cas où, par l'absence d'un des conseillers, la parité ne peut plus avoir lieu. Néanmoins, il lui sera permis d'émettre son opinion, et de la faire insérer dans l'acte consulaire.

Art. 6. — « En cas d'absence ou d'empêchement, du syndic, ses fonctions seront remplies par celui des conseillers qui, au commencement de l'année, aura été proposé par le corps de la commune à l'intendant de la provnce, et en aura rapporté son approbation... »

(Recueils d'Edits et Manifestes, vol. IV, p. 220).

LETTRES-PATENTES
DE S. M.

portant création d'une nouvelle province dans le duché de Savoie, sous la dénomination de province de *Haute-Savoie*, dont les villes de Conflans et de l'Hôpital seron le chef-lieu.

Du 16 janvier 1816.

« VICTOR-EMMANUEL
par la grâce de Dieu Roi de Sardaigne, etc., etc., etc.

« Les villes de Conflans et de l'Hôpital, dans notre duché de Savoie, qui, pendant la durée de la séparation d'une partie de ce duché, opérée par le traité de Paris du 30 mai 1814, ont été le siège de notre Gouvernement, de notre Sénat et de toutes nos Administrations, nous ayant paru très propres par leur situation et leurs rapports avec toutes les autres provinces de la Savoie à devenir le chef-lieu d'une nouvelle province dans ce duché, que l'inégalité des anciennes rend convenable de former, nous nous sommes d'autant plus volontiers déterminé à approuver le plan qui nous a été soumis à cet effet, qu'en facilitant ainsi à nos fidèles sujets de Savoie le cours des affaires dans toutes les branches de l'Administration publique, nous laissons par ce trait de notre bienfaisance à ces deux villes un souvenir avantageux de l'époque honorable pour elles où toutes les autorités de notre Gouvernement ont siégé dans leurs murs.

« A ces causes... nous avons ordonné et ordonnons ce qui suit :

Art. 1er. — « Il sera formé dans notre duché de Savoie une nouvelle province sous le nom de province de *Haute-Savoie*, dont le chef-lieu seront les villes de Conflans et de l'Hôpital.

Art. 2. — « Nous établissons dans notre ville de Conflans

une Judicature-Mage, qui aura près d'elle un Avocat-Fiscal, et les officiers de justice qui en dépendent.

« Et dans notre ville de l'Hôptal, une nouvelle Intendance, avec les employés et les bureaux qui y sont attachés.

Art. 3. — « Ressortiront de ces autorités judiciaires et économiques toutes les villes et communes qui sont désignées dans l'état joint aux présentes... »

23 — ETAT

des villes et communes qui sont détachées des provinces y énoncées, et doivent former la nouvelle province de *Haute-Savoie* :

« De la province d'Annecy : Outrechaise, faisant partie du canton de Faverges.

« De la province de Faucigny : Bellecombe, Crest-Voland, Flumet, Giettaz (la), St-Nicolas-la-Chapelle, faisant partie du canton de Megève.

« De la province de Savoie-Propre : Cohennoz (le), Héry, Ugine, faisant partie du canton de l'Hôpital. »

(Recueil des Édits, Manifestes, etc., vol. II, p. 240. — Dessaix, p. 412).

LETTRES-PATENTES

par lesquelles Sa Majesté ordonne que son duché de Savoie sera désormais divisé en neuf provinces, suivant la nouvelle délimitation et circonscription territoriale y établie.
16 décembre 1816

VICTOR-EMMANUEL
par la grâce de Dieu Roi de Sardaigne, etc., etc., etc.

« Les derniers traités politiques ayant rendu nécessaires, dans quelques endroits de notre duché de Savoie, une nouvelle délimitation de son territoire, nous avons cru convenable de prescrire, dans cette circonstance, une distribution générale des provinces de cette partie de nos États, d'une manière plus conforme à leur position géographique, mieux adaptée aux besoins locaux de ses habitants, et plus favorable à leurs intérêts.

« Dans cette vue, par nos lettres-patentes du 16 janvier dernier échu, nous avons déjà créé la province de Haute-Savoie.

« Voulant à présent donner à tous nos autres sujets de ce duché un nouveau témoignage de notre sollicitude paternelle pour leur bien être, nous avons déterminé de généraliser en leur faveur le bienfait d'une administration plus prompte et plus rapprochée d'eux, en établissant encore d'autres provinces, en fixant les limites territoriales de chacune d'elles, de la manière la plus propre à atteindre ce but, et en ordonnant que les juges résideront désormais dans les chefs-lieux de leurs mandements...

« A compter du 1ᵉʳ janvier 1817, notre duché de Savoie sera divisé en neuf provinces.

« A cet effet, il y sera formé une nouvelle province, qui prendra la dénomination de province de Rumilly, et dont le chef-lieu sera établi dans la ville de ce nom.

« Le chef-lieu de la province de Carouge est fixé à St-Julien.

« La circonscription de chaque province, et des divers Mandements qui la composent, est fixée selon l'Etat joint aux présentes... »

Les neuf provinces sont celles de *Savoie-Propre*, de *Maurienne*, de *Tarentaise*, dans lesquelles nous n'avons aucune commune; puis de *Chablais*, de *Faucigny*, de *Genevois*, de *Carouge*, dont le chef-lieu fut transporté à *Saint-Julien*, qui nous appartiennent en entier; enfin celles de *Haute-Savoie* et de *Rumilly*, qui nous appartiennent en partie.

24 — Province de CAROUGE (St-Julien)

Mandements :

24/1 ANNEMASSE. — Ambilly, Annemasse, Arthaz-Pont-Notre-Dame, Bonne, Cranves-Sales, Etrembières, Fillinges, Gaillard, et restant de la commune de Chêne, Juvigny, Loëx, Lucinges, Machilly, Marcellaz, Nangy, St-Cergues, Veigy-Foncenex, et restant d'Hermance, Vétraz-Monthoux, Ville-la-Grand.

24/2 REIGNIER — Arbusigny, Esery, Esserts, Monnetier-Mornex, Muraz (la), Pers et Jussy, Reignier, Saint-Romain, Sappey (le), Scientrier.

24/3 SAINT-JULIEN. — Andilly, Beaumont, Boisey et portion de Veyrier, Cernex, Chaumont, Chavannaz, Chénex, Chevrier, Collonges-Archamps, Contamine, Copponex, Cruseilles, Dingy-en-Vuache, Epagny-en-Vuache, Feigères, Frangy, Jonzier, Marlioz, Minzier, Musièges, Neydens, Présilly, St-Blaise, St-Julien, Savigny, Thairy, Valleiry, Vers, Viry, Vulbens.

25 — Province de CHABLAIS

Mandements :

25/1 ABONDANCE. — Abondance, Bernex, [Bonnevaux], Chappelle-d'Abondance (la), Châtel, Chevénoz, Vacheresse, Vinzier.

25/2 BIOT (le). — Biot (le), Forclaz (la), Montriond, Morzine, St-Jean-d'Aulph, [Seytroux], Vernaz (la).

25/3 BONS. — Bons, Brenthonne, Cervens, Draillant, Fessy, Habère-Lullin, Habère-Poche, Lully, Perrignier, Saxel.

25/4 DOUVAINE. — Ballaison, Brens, Cusy, Douvaine, Excennevex, Loisin, Massongy, Messery, Nernier, St-Didier, Yvoire.

25/5 EVIAN. — Evian, Féternes, Larringes, Lugrin, Maxilly, [Meillerie], Neuvecelle, Novel, Publier, St-Gingolph, St-Paul, Thollon.

25/6 THONON — Allinges-Mesinge, Anthy, Armoy-Lyaud, Bellevaux, Lullin, Margencel, Marin, Mégevette, Orcier, Reyvroz, Sciez, Chavannex et Filly, Vailly.

26 — Province de FAUCIGNY

Mandements :

26/1 BONNEVILLE — Ayse, Bonneville, Brison, Contamine-sur-Arve, Côte-d'Yot (la), Entremont, Faucigny, Marignier, Mont-Saxonnex, Peillonnex, Petit-Bornand (le), Pontchy, St-Etienne, Thiez, Vougy.

26/2 CHAMONIX — [Argentières], Chamonix, Contamines (les), Houches (les), [Plagnes (les)], St-Gervais, Vallorcine.

26/3 CLUSES. — Arâches, Chatillon, Cluses, [Frasse (la)], Magland, Nancy-sur-Cluses, [Reposoir (le)], St-Sigismond, Scionzier.

26/4 MEGEVE — Combloux, Demi-Quartier, Domancy, Megève, [Praz-de-Megève].

26/5 ROCHE (la). — Amancy, Arenthon, Chapelle-Rambaud (la), Cornier, Etaux, Menthonnex-en-Bornes, Passeirier, Roche (la), St-Laurent, St-Maurice, St-Pierre, St-Sixt.

26/6 ST-JEOIRE. — Bôge, Burdignin, Onnion, St-André, St-Jean-de-Tholome, Tour (la), Villard (le), Ville-en-Sallaz, Viuz-en-Sallaz.

26/7 SALLANCHES. — Cordon, Passy, St-Martin, St-Nicolas-de-Véroce, St-Roch, Sallanches, Servoz.

26/8 SAMOENS. — Morillon, Samoëns, Sixt, Vallon, [Verchaix].

26/9 TANINGES. — Côte-d'Arbroz (la), Gets (les), Mieussy, Rivière-Enverse (la), Taninges.

27 — Province de GENEVOIS

Mandements :

27/1 ANNECY. — Annecy, Annecy-le-Vieux, Argonnex, Avregny, Balme-de-Sillingy, Cercier, Chapéry, Charvonnex, Chavanod, Choisy, Cuvat, Epagny, Ferrières, Gevrier, Lovagny, Metz, Meythet, Montagny, Nâves, Nonglard, Poisy, Pringy, St-Martin, Sallenôve, Seynod, Sillingy, Vieugy, Villaz, Villy-le-Pelloux.

27/2 DUINGT. — Allèves, Balmont, [Chapelle-St-Maurice (la)], Chevaline, Duingt, Entrevernes, Gruffy, Lathuile, Leschaux, Quintal, St-Eustache, St-Jorioz, St-Sylvestre, Sévrier, Viuz-la-Chiésaz.

27/3 FAVERGES. — Cons-Ste-Colombe, Doussard, Faverges, Giez, Marlens, St-Ferréol, Seythenex, [Viuz-Faverges].

27/4 TALLOIRES. — Alex, Bluffy, [Bouchet (le)], Dingy-St-Clair, Menthon, Montmin, Serraval, Talloires, Veyrier.

27/5 THONES. — Balme-de-Thuy (la), Clefs (les), Clusaz (la), Grand-Bornand (le), Manigod, St-Jean-de-Sixt, Thônes, Villards (les).

27/6 THORENS-SALES. — Allonzier, Aviernoz, Evires, Groisy, Ollières (les), Thorens-Sales, Villy-le-Bouveret, Vovray.

28 — Province de la HAUTE-SAVOIE

28/1 Mandement d'UGINES. — Bellecombe (N. D. de), Cohennoz (le), Crest-Voland, Flumet, Giettaz (la), Héry, Outrechaise, St-Nicolas-la-Chapelle.

29 — Province de RUMILLY

Mandements :

29/1 BIOLLE (la). — Chainaz, Cusy, Frasses (les), Mûres.

29/2 RUMILLY. — Alby, Bloye, Bonneguête, Boussy, Etercy, Hauteville, Héry-sur-Alby, Marcellaz, Marigny, Massingy, Moye, St-André, St-Félix, St-Marcel, Sales, Syon, Thusy, Vallières, Vaulx, Versonnex.

29/3 SEYSSEL. — Arcine, Bassy, Challonges, Chêne, Chilly, Clarafond, Clermont, Crempigny, Desingy, Droisy, Eloise, Franclens, Menthonnex-sous-Clermont, St-Germain-en-Semine, Usinens, Vanzy.

(B. IV, p. 186, F, p. 413).

●●●

La province de Rumilly n'eut qu'une durée éphémère ; moins de deux ans après sa création, elle disparut par l'édit dont voici le texte :

EDIT ROYAL

portant une nouvelle circonscription générale des provinces des Etats de S. M. en terre ferme.

10 novembre 1818

Victor-Emmanuel, etc.

Ayant résolu de réduire à l'uniformité la circonscription de nos Etats de terre ferme, pour le plus grand avantage de nos peuples, et pour rendre plus efficace l'action de notre gouvernement...., nous avons ordonné et ordonnons ce qui suit :

Art. 1. — Nos Etats de terre ferme sont et demeurent circonscrits en divisions, provinces, mandements et communes.

2. — La portion du territoire et d'habitants qui dépend d'une même administration communale, constitue la commune.

3. — Le mandement comprend une ou plusieurs communes, et forme un arrondissement de territoire, tant sous le rapport judiciaire que sous le rapport militaire, et le financier. Chaque mandement a son propre juge et son propre percepteur des contributions ; et les communes qui composent le mandement concourent d'une manière indivisible à fournir un contingent à l'armée, d'après les formes établies par la loi de la levée militaire.

4. — La province comprend un nombre déterminé de mandements, et forme un arrondissement de territoire commun à l'exercice de toutes les autorités, tant judiciaires que militaires et administratives. Chaque province à un commandant, un conseil de justice ou un juge-mage, un intendant ou un vice-intendant...

5. — La division comprend un nombre déterminé de provinces, et forme un arrondissement de territoire commun à

l'exercice tant de l'autorité militaire que de l'autorité administrative. Chaque division a un gouverneur et un intendant général...

6. — Quand à l'administration de la justice, les provinces de la division de Savoie dépendent de notre Sénat de Savoie...

7. — Les inspections de police devront toujours comprendre intégralement une ou plusieurs provinces d'une même division.

8. — Les arrondissements de chaque bureau d'insinuation comprendront intégralement un ou plusieurs mandements d'une même province, et les inspections comprendront une ou plusieurs provinces d'une même division...

9. — Chacune des conservations générales des gabelles comprendra une division.

Les conservations particulières et les vices-conservations comprendront un ou plusieurs mandements d'une même province, d'après la distribution qui en sera établie séparément...

13. — Dans la province de la Haute-Savoie, le commandant et l'intendant auront leur résidence à l'Hôpital ; le juge-mage résidera à Conflans...

18. — Dans la division de Savoie, les judicatures de Cluses, d'Evian, de La Roche et de Sallanches cesseront de jouir du privilège qui leur est accordé par l'article 6 de nos patentes du 16 décembre 1816 (1), et demeureront assimilées à tous égards aux autres judicatures du mandement.

19. — Dans la division de Savoie, les juges du Biot et de Duingt résideront dans les chefs-lieux de leur province respective.

* * *

Laissant de côté les provinces de Savoie Propre, de Maurienne et de Tarentaise qui ne nous intéressent pas, nous retiendrons de la division de Savoie les provinces de Carouge, du Chablais, du Faucigny et du Genevois, qui nous appartiennent en entier, et de la province de Haute-Savoie le mandement d'Ugine.

---

(1) Les juges que nous instituons à Cluses, Evian, La Roche et Sallanches ressortiront immédiatement du Sénat, pour toutes les affaires personnelles ou réelles qui concerneront les habitants des chefs-lieux de ces mandements.

30 — PROVINCE DE CAROUGE

Chef-lieu : SAINT-JULIEN

30 1 — Mandement d'*ANNEMASSE*

Ambilly-Gaillard, Annemasse, Arthaz - Pont - Notre - Dame, Bonne, Collonges-Archamps, Cranves-Sales, Etrembières, Juvigny, Loëx, Lucinges, Machilly, St-Cergues, Veigy-Foncenex, Vétraz-Monthoux, Ville-la-Grand.

30 2 REIGNIER. — Arbusigny, Esserts-Esery, Fillinges, Monnetier-Mornex, Muraz (la), Nangy, Pers et Jussy, Reignier, St-Romain, Sappey (le), Scientrier.

30 3 ST-JULIEN. -- Andilly, Beaumont, Bossey, Cernex, Chaumont, Chavannaz, Chénex, Chevrier, Contamine, Coppenex, Cruseilles, Dingy-en-Vuache, Epagny-en-Vuache, Feigères, Frangy, Jonzier, Marlioz, Minzier, Musièges, Neydens, Présilly, St-Blaise, St-Julien, Savigny, Thairy, Valleiry, Vers, Viry, Vulbens.

30 4 SEYSSEL. — Arcine, Bassy, Challonges, Chêne-en-Semine, Chessenaz, Chilly, Clarafond, Clermont, Desingy, Droisy, Eloise, Franclens, Menthonnex-sous-Clermont, Saint-Germain-sur-Rhône, Seyssel, Usinens, Vanzy.

31 — PROVINCE DE CHABLAIS

Chef-lieu : THONON

Mandements :

31/1 ABONDANCE. — Abondance, Bernex, [Bonnevaux], Chapelle - en - Chablais (la), Châtel, Chevénoz, Vacheresse, Vinzier.

31 2 BIOT (le). — Biot (le), Forclaz (la), Montriond, Morzine, St-Jean-d'Aulph, [Seytroux], Vernaz (la).

31/3 DOUVAINE. — Ballaison, Bons, Brens, Brenthonne, Cusy, Douvaine, Excenevex, Fessy, Loisin, Lully, Massongy, Messery, Nernier, St-Didier, Saxel, Yvoire.

31 4 EVIAN. — Evian, Féternes, Larringes, Lugrin, Maxilly, [Meillerie], Neuvecelle, Novel, Publier, St-Gingolph, St-Paul, Thollon.

31/5 THONON. — Alinges-Mesinge, Anthy, Armoy-Lyaud, Bellevaux, Cervens, Draillant, Habère-Lullin, Habère-Poche, Lullin, Margencel, Marin, Mégevette, Orcier, Perrignier, Reyvroz, Sciez, Chavannex et Filly, Thonon, Vailly.

32 — PROVINCE DE FAUCIGNY

Chef-lieu : BONNEVILLE

Mandements :

32/1 BONNEVILLE. — Ayse, Bonneville, Brison, Contamine-sur-Arve, Côte-d'Yot (la), Entremont, Faucigny, Marcellaz, Marignier, Mont-Saxonnex, Peillonnex, Petit-Bornand (le), Pontchy, St-Etienne, Thiez, Vougy.

32/2 CLUSES. — Arâches, Chatillon, Cluses, [Frasse (la)], Magland, Nancy-sur-Cluses, [Repcsoir (le)], Saint-Sigismond, Scionzier.

32 3 ROCHE (la). — Amancy, Arenthon, Chapelle-Rambaud (la), Cornier, Etaux, Passeirier, Roche (la), St-Laurent, St-Maurice, St-Pierre-de-Rumilly, St-Sixt.

32/4 ST-GERVAIS. — [Argentières], Chamonix, Contamines (les), Houches (les), Passy, [Plagnes (les)], St-Gervais, St-Nicolas-de-Véroce, Servoz, Vallorcine.

32 5 ST-JEOIRE. — Boëge, Bogève, Burdignin, Onnion, St-André, St-Jean-de-Tholome, St-Jeoire, Tour (la), Villard (le), Ville-en-Sallaz, Viuz-en-Sallaz.

32 6 SALLANCHES. — Combloux, Cordon, Demi-Quartier, Domancy, Megève, St-Martin, St-Roch, Sallanches.

32 7 SAMOENS. — Morillon, Samoëns, Sixt, [Verchaix].

32/8 TANINGES. — Côte-d'Arbroz, Gets (les), Mieussy, Rivière-Enverse (la), Taninges.

33 — PROVINCE DE GENEVOIS

Chef-lieu : ANNECY

Mandements :

33/1 ALBENS. — Alby, Chainaz, Cusy, Frasses (les), Héry-sur-Alby, St-Félix.

33 2 ANNECY. — Alex, Albonzier, Annecy, Annecy-le-Vieux, Argonnex, Avregny, Balme-de-Sillingy (la), Bluffy, Cercier, Chervonnex, Choisy, Cuvat, Dingy-St-Clair, Epagny, Ferrières, Menthon, Mésigny, Metz, Naves, Pringy, St-Martin, Sallenôve, Sillingy, Talloires, Veyrier, Villy-le-Pelloux.

33 3 DUINGT. — Allèves, Balmont, Chapelle-St-Maurice (la), Chapeiry, Chavanod, Duingt, Entrevernes, Gévrier, Gruffy, Leschaux, Lovagny, Meythet, Montagny, Mûres, Non-

glard, Poisy, Quintal, St-Eustache, St-Jorioz, St-Sylvestre, Sévrier, Seynod, Vieugy, Viuz-la-Chiésaz.

33/4 FAVERGES. — Chevaline, Cons-Ste-Colombe, Doussard, Faverges, Giez, Lathuile, Marlens, Montmin, St-Ferréol, Seythenex, [Viuz-Faverges].

33/5 RUMILLY. — Bloye, Bonneguête, Boussy, Crempigny, Etercy, Hauteville, Lornay, Marcellaz, Marigny, Massingy, Moye, Rumilly, St-André, St-Eusèbe, St-Marcel, Sales, Syon, Thusy, Vallières, Vaulx, Versonnex.

33/6 THONES. - Balme-de-Thuy (la), [Bouchet (le)], Clefs (les), Clusaz (la), Grand-Bornand (le), Manigod, St-Jean-de-Sixt, Serraval, Thônes, Villards (les).

33/7 THORENS-SALES. — Aviernoz, Evires, Groisy, Menthonnex-en-Bornes, Ollières (les), Thorens-Sales, Villaz, Villy-le-Bouveret, Vovray.

34 — PROVINCE DE HAUTE-SAVOIE

Chef-lieu : L'HOPITAL

31/1 Mandement d'UGINE. — Bellecombe (N. D. de), Cohennoz (le), Crest-Voland, Flumet, Giettaz (la), Héry, Outrechaise, St-Nicolas-la-Chapelle, Ugine.
(B., VII, p. 10 ; F, p. 414).

* * *

A trois reprises, de 1818 à 1836, nos Souverains réglèrent, par lettres-patentes, certains détails d'administration ; en voici la substance :

LETTRES-PATENTES

11 novembre 1818

A compter du 1er janvier 1819, notre secrétairerie d'Etat pour les affaires internes aura l'inspection :

1) Sur le personnel des administrations communales, savoir : la nomination et le renouvellement des sindics de toutes les classes, des conseillers soit ordinaires soit adjoints, des secrétaires et de tous les employés des villes et communes...

LETTRES-PATENTES

14 décembre 1818

VICTOR-EMMANUEL, etc.

« Après avoir, par notre édit du 10 novembre 1818, établi les bases de la division territoriale de nos états de terre ferme, et avoir fixé les limites juridictionnelles des différentes autorités qui président au gouvernement des provinces, nous avons dirigé nos soins à l'économie intérieure de l'administration, prenant pour but invariable de nos sollicitudes d'obtenir l'expédition la plus prompte et la plus régulière des affaires, avec le moins de dépense des deniers publics...

« A ces causes, nous avons ordonné et ordonnons ce qui suit :

Art. 1er. — « Les quarante provinces de nos états de terre ferme, en ce qui concerne la juridiction administrative, sont divisées en intendances générales de première et seconde classe.

« En intendances particulières de première et de seconde classe (Intendances de province).

« En vice-intendances, également divisées en première et seconde classe.

Art. 2. — « Sont déclarées intendances générales de première classe, celle de *Chambéry*...

« Intendance particulière de seconde classe, celle du *Genevois*.

« Vice-intendances de première classe, celles du *Chablais* et du *Faucigny* (Intendances de 3e classe).

« Vice-intendances de deuxième classe, les provinces de *Haute-Savoie* et de *Carouge* (Intendances de 4e classe).

(Recueil d'Édits et Manifestes, etc., vol. VII, p. 157).

LETTRES-PATENTES

14 octobre 1836

« L'expérience nous ayant démontré la nécessité d'apporter quelques modifications aux dispositions des Lettres-Patentes du 14 décembre 1818 et du 11 mai 1819, nous avons ordonné et ordonnons ce qui suit :

« Les vice-intendances et les vice-intendants de 1re et de 2e classe, prendront le titre d'intendances et d'intendants de 3e et de 4e classe... »

(Actes du Gouvernement, etc., Volume IV, p. 511).

CHAPITRE SIXIÈME

Suppression de la Province de Carouge, 1837

N°s 35 à 38 incl.

Administration communale, 1837-1847

LETTRES-PATENTES

2 septembre 1837

Art. 1er. — « A commencer du 1er janvier 1838, la province de Carouge est et demeure supprimée.

2. — « Les mandements de St-Julien et de Seyssel, qui en faisaient partie, seront incorporés dans la province du Genevois. (N°35).

3. — « Ceux d'Annemasse et de Reignier seront de même détachés de la province de Carouge, pour être agrégés à celle du Faucigny. (N° 36).

5. — « Celui de Faverges sera détaché du Genevois et réuni à la province de Haute-Savoie. (N° 37).

6. — « Le mandement d'Albens sera de même séparé du Genevois, pour être incorporé dans la Savoie-Propre... (N° 38).

(Actes du Gouvernement, vol. 5e, p. 241).

* * *

Dix jours après le remaniement territorial nécessité par la disparition d'une province, de nouvelles instructions furent données concernant les conseils et les syndics.

LETTRES-PATENTES

12 septembre 1837

1. — « Les syndics des villes et des communes qui, d'après les Lettres-Patentes du 31 décembre 1815, étaient nommés pour deux ans, seront nommés dorénavant pour trois ans.

2. — « A cet effet, la totalité des communes de nos Etats sera partagée en trois séries, pour ce qui concerne la nomination des syndics.

3. — « Cette nomination aura lieu chaque année pour une série, suivant la répartition qui en sera faite une fois pour toujours, par notre premier secrétaire d'Etat de l'Intérieur, au moyen d'une instruction qu'il donnea aux intendants.

4. — « Les syndics qui, par suite de la répartition, devront continuer l'exercice de leurs fonctions au-delà du terme de deux ans pour lequel ils ont été nommés, sont confirmés.

(Actes du Gouvernement, vol. 5ᵉ, p. 250).

***

La loi municipale renfermée dans l'Edit dont nous allons donner l'analyse, est demeurée en vigueur jusqu'à l'Annexion.

EDIT ROYAL

pour l'administration des communes et des provinces
27 novembre 1847

TITRE PREMIER

Chapitre Iᵉʳ. — De l'administration communale

Art. 5. — « L'administration d'une commune se compose d'un syndic, d'un ou de plusieurs vice-syndics, d'un conseil de créance, et d'un conseil communal.

Chapitre II. — Des Syndics.

Art. 9. — « Le Syndic est nommé par Nous, et choisi parmi les conseillers communaux qui habitent au moins une partie de l'année dans la commune ; il reste en charge trois ans, et peut être confirmé par Nous, s'il a fait preuve d'intelligence et de zèle pour l'intérêt de la comomune et pour notre service, et s'il demeure membre du Conseil.

Art. 11. — « Les Syndics ne peuvent être révoqués que par Nous.

Chapitre III. — Des Vice-Syndics

Art. 16. — « Les vice-syndics sont nommés pour une année, sur la proposition du syndic, par l'intendant général, qui peut les suspendre et les révoquer ; ils doivent être choisis parmi les conseillers communaux.

« La nomination d'un nouveau syndic dans le cours de

l'année entraîne pour eux la cessation de leurs fonctions ; ils peuvent être confirmés, pourvu qu'ils demeurent membres du conseil municipal.

Art. 17. — Le nombre des vice-syndics peut être de six dans les communes de 1re classe, de quatre dans celles de 2e, et de deux dans les autres.

Art. 20. — « Avant d'entrer en fonctions, les vice-syndics prêtent serment entre les mains de leur chef.

Chapitre V. — Du conseil communal de *créance*

Art. 24. — « Dans l'intervalle de leurs réunions, les conseils municipaux sont représentés par un conseil de créance. Dans les communes de 1re classe, ce conseil est composé de huit membres ; de quatre dans celles de deuxième ; de deux dans celle de troisième. Dans les communes de 1re et de 2e classe, ils ont trois suppléants ; dans les autres deux.

Art. 25. — « Les conseillers de créance et leurs suppléants sont nommés par le conseil communal, à la majorité absolue des voix. Ils sont choisis dans le sein de ce conseil ; leurs fonctions durent une année. Ils peuvent toujours être réélus. Ils siègent dans l'ordre de leur nomination, et peuvent exercer en même temps la charge de vice-syndic.

Art. 26. — « Le syndic, ou celui qui en fait les fonctions, convoque le conseil de créance, le préside, et y a voix délibérative.

Art. 28. — En tout cas, les délibérations seront soumises à l'intendant.

Chapitre VI. — Des Conseils communaux

Art. 32. — « Les communes se divisent en trois classes : Appartiennent à la première celles qui, leurs fractions comprises, ont une population de 10.000 habitants ; à la seconde, celles dont la population est de 3.000, ou qui sont chef-lieu de province ; à la troisième, toutes les autres.

Art. 33. — « Le conseil communal se compose, le syndic, les vice-syndics et les conseillers de créance y compris, de soixante membres dans les communes de 1re classe, de 40 dans celles de 2e classe, et de 20 dans les autres.

« Dans les communes où la population ne présenterait pas des personnes éligibles en nombre suffisant, tous les électeurs interviendront au conseil.

Chapitre VII. — Des délibérations des conseils communaux

Art. 61. — « Les intendants généraux et les intendants

peuvent intervenir aux conseils communaux, et même s'y faire représenter par un délégué, sans cependant prendre part aux votations.

Art. 65. — « Les procès-verbaux des délibérations des conseils communaux sont soumis à l'intendant général.

Chapitre VIII. — De la comptabilité communale

Art. 78. — « Les budgets, proposés par le syndic et votés par le conseil communal, sont approuvés par l'intendant général, à l'exception de ceux des chefs-lieux de province, lesquels seron soumis à notre approbation, après avoir été communiqués à la section de l'Intérieur du conseil d'Etat, pour son avis.

Art. 94. — « Le recouvrement des revenus et le paiement des dépenses des communes, appartiennent exclusivement au percepteur du mandement.

Chapitre XII. — Dispositions générales pour l'administration communale

Art. 131. — « Les administrateurs et conseillers communaux entrent en charge le 1er janvier.

TITRE III

Chapitre Ier. — De l'administration des provinces et des Divisions

Art. 151. — « L'administration de chaque division se compose d'un intendant général, d'un conseil de créance, et d'un conseil divisionnaire.

Art. 155. — « Il y a dans chaque province un intendant et un conseil provincial.

Art. 156. — « Les conseils divisionnaires provinciaux et de créance sont présidés, dans leur première séance, par le conseiller le plus ancien d'âge; le plus jeune y remplit les fonctions de secrétaire.

« Ils nomment, dans la même séance, leur président, et un vice-président annuels.

Art. 157. — « Près les mêmes conseils est un commissaire royal chargé de veiller à ce que les lois y soient observées, et qui a le pouvoir de dissoudre les réunions.

Chapitre II. — Des Intendants généraux et des Intendants

Art. 161. — « L'intendant général est chef de l'administration de la division et des provinces qui la composent, et représentant du Gouvernement.

Art. 164. — « Les intendants de provinces font, sous la direction et l'inspection des intendants généraux, les actes qui leur sont attribués par les lois, et envoient des lettres de convocation des conseils provinciaux.

Chapitre III. — Des conseils provinciaux et divisionnaires

Art. 166. — « Le conseil provincial est composé de trente membres dans les provinces qui ont une population de 150.000 habitants ; de 24, dans celles de 100.000 ; de dix-huit, dans celles d'une population inférieure.

Art. 167. — « Les conseillers provinciaux sont choisis par Nous pour un tiers parmi les syndics de la province, et pour les deux autres tiers parmi les candidats proposés par les conseils communaux.

Art. 168. — « Chaque commune propose un candidat pour chaque millier d'habitants dont sa population se compose, choisis parmi tous les électeurs de la province portés sur les listes dressées l'année précédente. Les fractions de milliers ne comptent pas ; mais les communes d'une population inférieure à mille habitants proposent un candidat.

Art. 170. — « La durée des fonctions des conseillers provinciaux est de cinq ans ; ils se renouvellent de la manière prescrite par l'article 55.

(L'article 55 porte ce qui suit : « Les conseils communaux se renouvellent par cinquième chaque année. Dans les premiers cinq ans, le renouvellement est déterminé par le sort ; ensuite par l'ancienneté »).

Art. 177. — « Le conseil provincial élit dans son sein, pour le représenter au conseil divisionnaire, le nombre de délégués qui sera fixé par Nous.

Art. 178. — « Les procès-verbaux du conseil provincial sont soumis à l'intendant général, et communiqués par lui au conseil divisionnaire, pour les affaires de sa compétence.

Art. 179. — « Les conseillers de division demeurent un an en charge ; ils peuvent toujours être réélus.

Art. 180. — « L'intendant général, les intendants de provinces et l'ingénieur en chef de la division interviennent aux séances du conseil divisionnaire, sans voix délibérative.

Art. 181. — « L'intendant général y remplira les fonctions de commissaire royal. lorsque ces fonctions n'auraient pas été déléguées par Nous à une autre personne.

Art. 188. — « Le conseil élit les conseillers de créance divisionnaires.

Chapitre IV. — Du conseil divisionnaire de créance

Art. 205. — « Dans l'intervalle de leurs sessions, les conseils divisionnaires sont représentés par un conseil de créance formé de cinq membres.

Dispositions générales

« Les dispositions du présent Edit, en ce qui concerne l'élection des conseils communaux, provinciaux et divisionnaires, et la nomination des syndics, seront mises en vigueur dans l'année 1848.

« Pour la première fois, les élections auront lieu dans le mois de juillet, et immédiatement après la nomination du syndic, les nouvelles administrations remplaceront les administrations actuelles. Pour la fixation de l'époque à laquelle les conseillers communaux et les syndics devront être renouvelés, on ne comptera pas le temps écoulé avant le 1er janvier 1849.

(Actes du Gouvernement, vol 15e, p. 461). On se réfère à l'Edit du 6 juin 1775).

CHAPITRE SEPTIÈME

Annexion de 1860

Arrondissements et cantons
N° 39 à 43 incl.

Une première fois, au début de l'année 1793, les cantons, et en 1798 les arrondissements *communaux* avaient fait leur apparition dans notre pays; l'Annexion devait les ramener. Le décret impérial sur la matière est du 29 juin 1860 (1).

En tête des arrondissements par ordre alphabétique, rous plaçons celui d'Albertville, du département de la Savoie, dont le canton d'Ugine appartient à notre diocèse.

39 — ARRONDISSEMENT D'ALBERTVILLE

39/1 Canton d'UGINE. — Bellecombe (N. D. de), [Chaucisse], Cohennoz (le), Crest-Voland, Flumet, Giettaz (la), Héry-sur-Ugine, Outrechaise, St-Nicolas-la-Chapelle, Ugine.

40 — ARRONDISSEMENT D'ANNECY

Cantons :

40/1 ANNECY. — Alex, Allonzier, Annecy, Annecy-le-Vieux, Argonnex, Avregny, Balme-de-Sillingy (la), Bluffy, Cercier, Charvonnex, Choisy, Cuvat, Dingy-St-Clair, Epagny, Ferrières, Menthon, Mésigny, Metz, Nâves, Pringy, [St-Germain-sur-Talloires], St-Martin, Sallenôve, Sillingy, Talloires, Veyrier, Villy-le-Pelloux.

40/2 DUINGT. — Allèves, Balmont, [Chapelle-St-Maurice (la)], Chapéry, Chavanod, Duingt, Entrevernes, Gevrier, Gruffy, Leschaux, Lovagny, Meythet, Montagny, Mûres, Nonglard, Poisy, Quintal, St-Eustache, St-Jorioz, St-Sylvestre, Sévrier, Seynod, Vieugy, Viuz-la-Chiésaz.

---

(1) D. XVI. p. 6. — E, 1860, p. 873. Tableau du nombre de conseillers à élire par chaque commune, pour les élections municipales, 11 décembre 1860.

40/3 FAVERGES. — Chevaline, Cons-Ste-Colombe, Doussard, Faverges, Gez, Lathuile, Marlens, Montmin, St-Ferréol, Seythenex, [Viuz-Faverges].

40/4 RUMILLY. — Bloye, Bonneguête, Boussy, Crempigny, Etercy, Hauteville, Lornay, Marcellaz, Marigny-Saint-Marcel, Massingy, Moye, Rumilly, St-André, St-Eusèbe, Sales, Syon, Thusy, Vallières, Vaulx, Versonnex.

40/5 THONES. — Balme-de-Thuy (la), [Bouchet (le)], Clefs (les), Clusaz (la), Grand-Bornand (le), Manigod, Saint-Jean-de-Sixt, Serraval, Thônes, Villards (les).

40/6 THORENS. — Aviernoz, Evires, Groisy, Menthonnex-en-Bornes, Ollières (les), Thorens, Villaz, Villy-le-Bouveret, Vovray.

41 — ARRONDISSEMENT DE BONNEVILLE

41/1 BONNEVILLE. — Ayse, Bonneville, Brison, Contamine-sur-Arve, Côte-d'Yot (la), Entremont, Faucigny, Marcellaz, Marignier, Mont-Saxonnex, Peillonnex, Petit-Bornand (le), Pontchy, Thiez, Vougy.

41/2 CLUSES. — Arâches, Chatillon, Cluses, [Frasse (la)], Magland, [Marnaz], Nancy-sur-Cluses, Reposoir (le), St-Sigismond, Scionciez.

41/3 ROCHE (la). — Amancy, Arenthon, Chapelle-Rambaud (la), Cornier, Etaux, Passeirier, Roche (la), St-Laurent, St-Maurice, St-Pierre, St-Sixt.

41/4 SAINT-GERVAIS. — [Argentières], Chamonix, Contamines (les), Houches (les), Passy, [Plagnes (les)], St-Gervais, Saint-Nicolas-de-Véroce, Servoz, Vallorcine.

41/5 SAINT-JEOIRE. — Boëge, Bogève, Burdignin, Onnion, St-André, St-Jean-de-Tholome, St-Jeoire, Tour (la), Villard (le), Ville-en-Sallaz, Viuz-en-Sallaz.

41/6 SALLANCHES. — Combloux, Cordon, Demi-Quartier, Domancy, Megève, St-Martin, St-Roch, Sallanches.

41/7 SAMOENS. — Morillon, Samoëns, Sixt, [Verchaix].

41/8 TANINGES. — Côte-d'Arbroz (la), Gets (les), Mieussy, Rivière-Enverse (la), Taninges.

42 — ARRONDISSEMENT DE SAINT-JULIEN

Cantons :

42/1 ANNEMASSE. — Ambilly, Annemasse, Archamps, Arthaz-Pont-Notre-Dame, Bonne, Collonges, Cranves-Sales,

Etrembières, Gaillard, Juvigny, Loëx, Lucinges, Machilly, St-Cergues, Veigy-Foncenex, Vétraz-Monthoux, Ville-la-Grand.

42/2 REIGNIER. — Arbusigny, Esserts-Esery, Fillinges, Monnetier-Mornex, Muraz (la), Nangy, Pers-Jussy, Reignier, Sappey (le), Scientrier.

42/3 SAINT-JULIEN. — Andilly, Beaumont, Bossey, Cernex, Chaumont, Chavannaz, Chénex, Chevrier, Contamine, Copponex, Cruseilles, Dingy-en-Vuache, Epagny, Feigères, Frangy, Jonzier, Marlioz, Minzier, Musièges, Neydens, Présilly, St-Blaise, St-Julien, Savigny, Thairy, Valleiry, Vers, Viry, Vulbens.

42/4 SEYSSEL. — Arcine, Bassy, Challonges, Chêne-en-Semine, Chessenaz, Chilly, Clarafond, Clermont, Desingy, Droisy, Eloise, Franclens, Menthonnex, St-Germain, Seyssel, Usinens, Vanzy.

43 — ARRONDISSEMENT DE THONON

Cantons :

43/1 ABONDANCE. — Abondance, Bernex, Bonnevaux, Chapelle - d'Abondance (la), Châtel, Chevénoz, Vacheresse, Vinzier.

43/2 BIOT (le). — [Baume (la)], Biot (le), [Essert-Romand], Forclaz (la), Montriond, Morzine, St-Jean, Seytroux, Vernaz (la).

43/3 DOUVAINE. — Ballaison, Bons, Brens, Brenthonne, Cusy, Douvaine, Excennevex, Fessy, Loisin, Lully, Massongy, Messery, Nernier, St-Didier, Saxel, Yvoire.

43/4 EVIAN. — [Champanges], Evian, Féternes, Larringes, Lugrin, Maxilly, [Meillerie], Neuvecelle, Novel, Publier, St-Gingolph, St-Paul, Thollon.

43/5 THONON. — Allinges, Anthy, Armoy-Lyaud, Bellevaux, Cervens, Draillant, Habère-Lullin, Habère-Poche, Lullin, Margencel, Marin, Mégevette, Orcier, Perrignier, Reyvroz, Sciez, Thonon, Vailly.

***

Le Préfet ne faillit point à son devoir d'initier ses administrés au nouvel état de choses.

Au « Recueil des actes administratifs, etc., » p. 10, il inséra la loi française d'organisation des municipalités, du 5 mai

1855, rendue applicable à notre département par décret impérial du 28 juillet 1860.

M. Levainville, notre premier préfet, fait observer que « les conseils communaux feront fonction de conseils municipaux, dont ils prendront le titre et les attributions ; les syndics prendront le nom de maires, et en rempliront provisoirement les fonctions.

« Les secrétaires n'ont plus de caractère légal ; ce qu'ils feront pour l'administration communale devra l'être, sans exception aucune, au nom du Conseil, et ne pourra avoir d'effet que sous sa signature. »

La première section de cette loi a pour objet la composition et le mode de nomination du conseil municipal (p. 26) ; la seconde, l'assemblée des conseils municipaux (p. 28) ; la troisième, l'assemblée des électeurs municipaux, et la voie de recours contre les opérations électorales (p. 30) ; la quatrième renferme des dispositions particulières (p. 33).

Le titre premier de la loi d'Attributions du 16 juillet 1837, également mise en vigueur chez nous par le décret précité, parle des réunions, divisions et formations des communes (p. 31) ; le deuxième, des attributions des maires et des conseils municipaux (p. 35) ; le troisième, des dépenses et recettes, et des budgets des communes (p. 38) ; le quatrième, des acquisitions, aliénations, baux, dons et legs (p. 41) ; le cinquième, des actions judiciaires et transactions (p. 42) ; le sixième, de la comptabilité des communes (p. 44) ; le septième, des intérêts qui concernent plusieurs communes (p. 45).

Nous avons vécu sous le régime de la loi municipale précitée, jusqu'à celle de 1884, encore en vigueur.

CHAPITRE HUITIÈME

Modifications au décret du 25 juin 1860
Nᵒˢ 44 à 50 incl.

Il suffit de n'être pas complètement étranger à la Haute-Savoie, pour apprécier l'urgence de ces modifications ; aussi ne se firent-elles pas attendre. Comment a-t-on jamais pu penser, pour ne citer qu'un exemple, que les gens d'Allèves, de Balmont, de Chapéry, de Gruffy, de Montagny, de Mûres, de Quintal, de St-Sylvestre, de Vieugy et de Viuz-la-Chiésaz, passant nécessairement par Annecy, se soient soumis avec empressement à l'obligation de parcourir les douze kilomètres qui les séparaient encore de Duingt !

Traité par le législateur en quantité négligeable, le Semnoz se dressait comme barrière infranchissable entre le chef-lieu et presque la moitié des communes du canton.

Six mois après le décret du 25 juin, exactement le 20 décembre 1860, un nouveau décret impérial porte ce qui suit :

« Le canton de Duingt est supprimé.

« Les communes d'Allèves, Balmont, Gruffy, Mûres, St-Sylvestre, Viuz, qui dépendaient de ce canton ;

« Et les communes d'Alby, Chainaz, Cusy, les Frasses, Héry-sur-Alby, St-Félix, qui dépendaient du canton d'Albens, département de la Savoie, formeront un nouveau canton, dont le chef-lieu est fixé à Alby, et qui fera partie de l'arrondissement d'Annecy.

« Le surplus des communes du canton de Duingt, avec la partie de la ville d'Annecy au sud du grand canal de Thioux, et les îles formées par ce canal, composeront un nouveau canton, qui prendra le nom d'Annecy-Sud.

« Les communes d'Allonzier et de Cercier seront distraites du canton actuel d'Annecy, qui prendra le nom d'Annecy-Nord.

« Les communes de Cruseilles, Andilly, Cernex, Copponex, St-Blaise (canton de St-Julien) ;

« Celles de Cercier et d'Allonzier (canton d'Annecy) ;

« Celles de Menthonnex, Villy, Vovray (canton de Thorens) ;

« Et celle de Sappey (canton de Reignier), formeront un nouveau canton, dont le chef-lieu est fixé à Cruseilles.

« Ce canton disparaîtra de l'arrondissement de St-Julien.

« Les communes d'Eloise, Arcine, Clarafond, Vanzy, Chessenaz, Chilly (canton de Seyssel) ;

« Celles de Chaumont, Frangy, Musièges, Contamine, Marlioz, Minzier, Chavannaz (canton de St-Julien) ;

« Formeront un nouveau canton, dont le chef-lieu est fixé à Frangy.

« Ce canton dépendra de l'arrondissement de Saint-Julien.

« Les communes de Boëge, Bogève, Burdignin (canton de St-Jeoire) ;

« Celles d'Habère-Lullin, Habère-Poche, Saxel, St-André, Villard (canton de Thonon) ; (1)

« Formeront un canton dont le chef-lieu est fixé à Boëge.

« Ce canton dépendra de l'arrondissement de Thonon.

« La commune de Veigy-Foncenex est distraite du canton d'Annemasse et unie au canton de Douvaine.

« Les communes d'Archamps et de Collonges sont distraites du canton d'Annemasse, et réunies au canton de St-Julien.

« Sont érigées en communes les sections de *Champanges*, dépendant de la commune de Larringes ; *La Baume*, dépendant de la commune du Biot ; *Essert-Romand*, dépandant de la commune de St-Jean-d'Aulph ; *Meillerie*, dépendant de la commune de Thollon.

« Le chef-lieu de la commune d'Armoy-Lyaud est fixé à *Lyaud*. »

Voici maintenant les modifications cantonales introduites par le décret précité :

44 — ARRONDISSEMENT D'ANNECY

Cantons :

44/1 ALBY. — Alby, Balmont, Chainaz, Cusy, Frasses (les), Gruffy, Héry-sur-Alby, Mûres, St-Félix, St-Sylvestre, Viuz-la-Chiésaz.

---

(1) C'est par erreur que les communes de Saxel, de St-André et du Villard sont dites séparées du canton de Thonon ; on peut voir cette erreur corrigée au crayon dans le document officiel conservé à nos archives départementales. Nous savons, en effet, que la commune de Saxel fut distraite du canton de Douvaine, et les deux autres du canton de Saint-Jeoire.

44/2 ANNECY-NORD. — Alex, Annecy, Annecy-le-Vieux, Argonnex, Avregny, Balme-de-Sillingy (la), Bluffy, Charvonnex, Choisy, Cuvat, Dingy-St-Clair, Epagny, Ferrières, Menthon, Mésigny, Metz, Nâves, Pringy, [St-Germain-sur-Talloires], St-Martin, Sallenôve, Sillingy, Talloires, Veyrier, Villy-le-Pelloux.

44/3 ANNECY-SUD. — [Chapelle-St-Maurice], Chapéry-Chavanod, Gévrier, Duingt, Entrevernes, Leschaux, Lovagny, Meythet, Montagny, Nonglard, Poisy, Quintal, St-Eustache, St-Jorioz, Sévrier, Seynod, Vieugy.

45 — ARRONDISSEMENT DE SAINT-JULIEN

45/1 CRUSEILLES. — Allonzier, Andilly, Cercier, Cernex, Copponex, Cruseilles, Menthonnex-en-Bornes, St-Blaise, Sappey (le), Villy-le-Bouveret, Vovray-en-Bornes.

45/2 FRANGY. — Arcine, Chaumont, Chavannaz, Chessenaz, Chilly, Clarafond, Contamine, Eloise, Frangy, Marlioz, Minzier, Musièges.

45/3 SAINT-JULIEN. — Prend à celui d'Annemasse les communes d'Archamps et de Collonges-sous-Salève.

46 — ARRONDISSEMENT DE THONON

46/1 BOEGE. — Boëge, Bogève, Burdignin, Habère-Lullin, Habère-Poche, St-André, Saxel, Villard (le).

46/2 DOUVAINE. — Prend au canton d'Annemasse la commune de Veigy-Foncenex. (D, XVII, p. 5).

47 — ARRONDISSEMENT DE BONNEVILLE

Par décret du 17 février 1861, le canton de Saint-Gervais forma celui de Chamonix. (D, p. 301).

47/1 CHAMONIX. — [Argentières], Chamonix, Houches (les), Servoz, Vallorcine.

47/2 SAINT-GERVAIS. — Contamines (les), Passy, [Plagnes (les)], St-Gervais, St-Nicolas-de-Véroce.

48 — Le 28 juin 1865, la commune de *Chapéry* passa du canton d'Annecy-Sud à celui d'Alby (D, 2e série, XXV, p. 873-G).

49 — Le 15 août 1876, la commune de *Vinzier* passa du canton d'Abondance à celui d'Evian. (G).

50 — Le 19 juillet 1923, la commune de *Mégevette* passa du canton de Thonon à celui de St-Jeoire. (Journ. off. du 29 juillet, p. 6894-G).

Voici maintenant le tableau d'ensemble des communes de la Haute-Savoie et des paroisses du diocèse d'Annecy. Le nom de chacune est suivi des chiffres indiquant la circonscription admnistrative à laquelle elle a appartenu à différentes époques.

ABONDANCE. — 4, 13/1, 16/1, 20/2, 25/1, 31/1, 43/1.

3° ALBY-SUR-CHERAN. — 2, 10/1, 17/1, 21/2, 29/2, 33/1, 38, 44/1.

ALEX. — 2, 10/12, 17/10, 21/1, 27/4, 33/2, 40/1, 44/2.

ALLEVES. — 2, 10/1, 17/1, 21/2, 27/2, 33/3, 40/2.

3° ALLINGES. — 4, 13/7, 16/7, 20/4, 25/6, 31/5, 43/5.

ALLONZIER. — 2, 10/8, 17/7, 21/1, 27/6, 33/2, 40/1, 45/1.

AMANCY. — 2, 10/9, 14/6, 18/5, 26/5, 32/3, 41/3

1°, 5° AMBILLY. — 6, 9, 11/1, 15/1, 19/2, 24/1, 30/1, 36, 42/1.

ANDILLY. — 2, 9, 11/5, 15/5, 19/5, 24/3, 30/3, 35, 42/3, 45/1.

ANNECY. — 2, 10/2, 17/2, 21/1, 27/1, 33/2, 40/1, 44/2, 44/3.

ANNECY-LE-VIEUX. — 2, 10/2, 17/2, 21/1, 27/1, 33/2, 40/1, 44/2.

ANNEMASSE. — 3, 9, 11/1, 15/1, 19/2, 30/1, 36, 42/1.

ANTHY. — 4, 13/7, 16/7, 20/4, 25/6, 31/5, 43/5.

ARACHES. — 3, 12/3, 14/3, 18/3, 26/3, 32/2, 41/2.

ARBUSIGNY. — 2, 10/3, 15/2, 19/4, 24/2, 30/2, 36, 42/2.

1° ARCHAMPS. — 5, 9, 11/3, 19/1, 24/3, 30/1, 36, 42/1, 45/3.

ARCINE. — 2, 9, 11/4, 15/4, 19/3, 29/3, 30/4, 35, 42/4, 45/2.

ARENTHON. — 3, 11/7, 15/7, 19/4, 26/5, 32/3, 41/3.

6° ARGENTIERES. — 3, 12/2, 14/2, 18/2, 26/2, 32/4, 41/4, 47/1.

ARGONNEX. — 2, 10/8, 17/7, 21/1, 27/1, 33/2, 40/1 44/2.

1° ARMOY. — 4, 13/7, 16/7, 20/4, 25/6, 31/5, 43/5.

2° ARTHAZ-PONT-NOTRE-DAME. — 3, 11/2, 15/3, 19/2, 21/1, 30/1, 36, 42/1.

AVIERNOZ. — 2, 10/11, 14/11, 18/5, 27/6, 33/7, 40/6.

5° AVREGNY. — 2, 11/5, 15/5, 19/3, 27/1, 33/2, 40/1, 44/2.

AYZE. — 3, 12/1, 14/1, 18/1, 26/1, 32/1, 41/1.

BALLAISON. — 4, 13/2, 16/4, 20/1, 25/4, 31/3, 43/3.

BALME-DE-SILLINGY. — 2, 10/11, 17/9, 21/1, 27/1, 33/2, 40/1.

BALME-DE-THUY. — 2, 10/13, 17/11, 21/5, 27/5, 33/6, 40/5.

BALMONT. — 2, 10/1, 17/1, 21/2, 27/2, 23/3, 40/2, 44/1.

3° BASSY. — 2, 9, 11/6, 15/6, 19/3, 29/3, 30/4, 35, 42/4.

1° BAUME (la). — 43/2.

3° BEAUMONT. — 5, 9, 11/8, 15/8, 19/5, 24/3, 30/3, 35, 45/3.

3° BELLECOMBE (N. D. de). — 3, 12/4, 14/4, 18/4, 23, 28/1, 31/1, 39/1.

BELLEVAUX. — 4, 13/6, 16/6, 20/4, 25/6, 31/5 43/5.

BERNEX. — 4, 13/5, 16/5, 20/2, 25/1, 31/1, 43/1.

1° BIOT (le). — 4, 13/3, 16/2, 20/3, 25/2, 31/2, 43/2.

3°. 7° BLOYE. — 1, 10/10, 17/8, 21/4, 29/2, 33/5, 40/4.

BLUFFY. — 2, 10/12, 17/10, 21/1, 27/1, 33/2, 40/1, 44/2.

BOEGE. — 3, 12/10, 14/12, 18/9, 26/6, 32/5, 41/5, 46/1.

BOGEVE. — 3, 12/10, 14/12, 18/9, 32/5, 41/5, 46/1.

5° BONNEGUETE. — 2, 10/4, 17/3, 21/4, 29/2, 33/5, 40/4.

4° BONNE-SUR-MENOGE. — 3, 11/2, 15/3, 19/2, 24/1, 30/1, 36, 42/1.

1° BONNEVAUX. — 13/1, 20/2, 25/1, 31/1, 43/1.

BONNEVILLE. — 3, 12/1, 14/1, 18/1, 26/1, 32/1, 41/1.

BONS. — 4, 13/4, 16/3, 20/1, 25/3, 31/3, 43/3.

BOSSEY. — 5, 9, 11/3, 15/1, 19/1, 24/3, 30/3, 35, 42/3.

1° BOUCHET (le). — 10/13, 17/11, 21/5, 27/4, 33/6, 40/5.

BOUSSY. — 1, 7, 10/10, 17/8, 21/4, 29/2, 33/5, 40/4.

BRENS. — 4, 13/4, 16/3, 20/1, 25/4, 31/3, 43/3.

3° BRENTHONNE. — 4, 13/4, 16/3, 20/4, 25/3, 31/3, 43/3.

BRIZON. — 3, 12/1, 14/1, 18/1, 26/1, 32/1, 41/1.

BURDIGNIN. — 3, 12/10, 14/12, 18/9, 26/6, 32/5, 41/5, 46/1.

CERCIER. — 2, 9, 11/5, 15/5, 19/3, 27/1, 33/2, 40/1, 45/1.

CERNEX. — 2, 9, 11/5, 15/5, 19/5, 24/3, 30/3, 35, 42/3, 45/1.

CERVENS. — 4, 13/4, 16/3, 20/4, 25/3, 31/5, 43/5.

2°, 7° CHAINAZ-LES-FRASSES. — 2, 10/1, 17/1, 21/2, 29/1, 33/1, 38, 41/1.

CHALLONGES. — 2, 9, 11/6, 15/6, 19/3, 29/3, 30/4, 35, 42/4.

1°, 4° CHAMONIX-MONT-BLANC. — 3, 12/2, 14/2, 18/2, 26/2, 32/4, 41/4, 47/1.

1° CHAMPANGES. — 43/4.

1°, 4° CHAPELLE (la). — 4, 13/1, 16/1, 20/2, 25/1, 31/1, 43/1.

CHAPELLE (la)-RAMBAUD. — 2, 10/9, 14/6, 18/5, 26/5, 32/3, 41/3.

1° CHAPELLE (la)-SAINT-MAURICE. — 27/2, 33/3, 40/2, 44/3.

CHAPERY. — 1, 10/1, 15/1, 21/2, 27/1, 33/3, 40/2, 44/3, 48.

CHARVONNEX. — 2, 10/8, 17/7, 21/1, 27/1, 33/2 40/1, 44/2.

1° CHATEL. — 4, 13/1, 16/1, 20/2, 15/1, 31/1, 43/1.

CHATILLON. — 3, 12/3, 14/3, 18/3, 26/3, 32/2, 41/2.

6°, 8° CHAUCISSE. — 39/1.

CHAUMONT. — 2, 9, 11/4, 15/4, 19/3, 24/3, 30/3, 35, 42/3, 45/2.

CHAVANNAZ. — 2, 9, 11/4, 15/4, 19/3, 24/3, 30/3, 35, 42/3, 45/2.

CHAVANOD. — 2, 10/2, 17/2, 21/2, 27/1, 33/3, 40/2, 44/3.

4° CHENE-EN-SEMINE. — 2, 9, 11/6, 15/6, 19/3, 29/3, 30/4, 35, 42/4.

CHENEX. — 5, 9, 11/8, 15/8, 19/5, 24/3, 30/3, 35, 42/3.

3°, 4° CHENS. — 4, 13/2, 16/4, 20/1, 25/4, 31/3, 43/3.

CHESSENAZ. — 2, 9, 11/4, 15/4, 19/3, 30/4, 35, 42/4, 45/2.

5° CHEVALINE. — 2, 10/6, 17/5, 21/3, 27/2, 33/4, 37, 40/3.

CHEVENOZ. — 4, 13/1, 16/1, 20/2, 25/1, 31/1, 43/1.

4°, 5° CHEVRIER. — 2, 9, 11/8, 15/8, 19/5, 24/3, 30/3, 35, 42/3.

CHILLY. — 2, 10/4, 17/3, 21/4, 29/3, 30/4, 35, 42/4, 45/2.

CHOISY. — 2, 10/11, 17/9, 21/1, 27/1, 33/2, 40/1, 44/2.

CLARAFOND. — 2, 9, 11/4, 15/4, 19/3, 29/3, 30/4, 35, 42/4, 45/2.

CLEFS (les) — 2, 10/13, 17/11, 21/5, 27/5, 33/6, 40/5.

CLERMONT. — 2, 10/4, 17/3, 21/1, 29/3, 30/4, 35, 42/4.

CLUSAZ (la). — 2, 10/7, 17/6, 21/5, 27/5, 33/6, 40/5.

CLUSES. — 3, 12/3, 14/3, 18/3, 26/3, 32/2, 41/2.

1°, 7° COHENNOZ (le). — 10/15, 17/12, 21/3, 23, 28/1, 31/1, 39/1.

1° COLLONGES-SOUS-SALEVE. — 6, 9, 11/3, 19/1, 24/3, 30/1, 36, 42/1, 45/3.

6° COMBE (la). —

COMBLOUX. — 3, 12/7, 11/8, 18/6, 26/4, 30/6, 41/6.

4° CONS-SAINTE-COLOMBE. — 2, 10/6, 17/15, 21/3, 27/3, 33/4, 37, 40/3.

1° CONTAMINES (les). — 12/6, 14/7, 18/6, 26/2, 32/4, 41/4, 47/2.

4° CONTAMINE-SARZIN. — 2, 9, 11/4, 15/4, 19/3, 24/3, 30/3, 35, 42/3, 45/2.

4° CONTAMINE-SUR-ARVE. — 3, 11/2, 15/3, 19/2, 26/1, 32/1, 41/1.

COPPONEX. — 2, 9, 11/5, 15/5, 19/5, 24/3, 30/3, 35, 42/3, 45/1.

CORDON. — 3, 12/7, 14/8, 18/6, 26/7, 32/6, 41/6.

CORNIER. — 3, 7, 11/7, 15/7, 19/4, 26/5, 32/3, 41/3.

1° COTE-D'ARBROZ (la). — 18/8, 26/9, 32/8, 41/8.

5° COTE-D'YOT (la). — 3, 12/1, 14/1, 18/1, 26/1, 32/1, 41/1.

4° CRAN-GEVRIER. — 2, 10/2, 17/2, 21/1, 40/2, 44/3.

CRANVES-SALES. — 3, 11/2, 15/3, 19/2, 24/1, 30/1, 36, 42/1.

CREMPIGNY. — 2, 10/4, 17/3, 21/4, 29/3, 33/5, 40/4.

8° CREST-VOLAND. — 3, 12/4, 14/4, 18/4, 23, 28/1, 34/1, 39/1.

CRUSEILLES. — 2, 9, 11/5, 15/5, 19/5, 24/3, 30/3, 35, 42/3, 45/1.

7° CUSY. — 1, 10/1, 17/1, 21/2, 29/1, 33/1, 38, 44/1.

CUVAT. — 2, 10/8, 17/7, 21/1, 27/1, 33/2, 40/1, 44/2.

4°, 5° DEMI-QUARTIER. — 3, 12/5, 14/5, 18/4, 26/4, 32/6, 41/6.

DESINGY. — 2, 10/4, 17/3, 21/4, 29/3, 30/4, 35, 42/1.

5° DINGY-EN-VUACHE. — 2, 9, 11/8, 15/8, 19/5, 24/3, 30/3, 35, 42/3.

DINGY-SAINT-CLAIR. — 2, 10/13, 17/11, 21/5, 27/4, 33/2, 40/1, 42/3, 44/2.

DOMANCY. — 3, 12/7, 14/8, 18/6, 26/4, 32/6, 41/6.

DOUSSARD. — 2, 10/5, 17/4, 21/3, 27/3, 33/4, 37, 40/3.

DOUVAINE. — 4, 13/2, 16/4, 20/1, 25/4, 31/3, 43/3.

DRAILLANT. — 4, 13/7, 16/7, 20/4, 25/3, 31/5, 43/5.

5° DROISY. — 2, 10/4, 17/3, 21/4, 29/3, 30/4, 35, 42/4.

1°, 3° DUINGT. — 2, 10/6, 17/4, 21/2, 27/2, 33/3, 40/2, 44/3.

3° ELOISE. — 2, 9, 11/4, 15/4, 19/3, 29/3, 30/4, 35, 42/4, 45/2.

ENTREMONT. — 2, 8, 10/7, 17/6, 21/5, 22, 26/1, 32/1, 41/1.

1° ENTREVERNES. — 2, 10/5, 17/4, 21/3, 27/2, 33/3, 40/2, 44/3.

4° EPAGNY. — 2, 10/2, 17/2, 21/2, 27/1, 33/2, 44/2.

1° ESERY. — 2, 11/7, 15/7, 19/4, 24/2, 30/2, 36, 42/2.

1° ESSERT-ROMAND. — 31/2, 43/2.
1°, 4° ESSERTS-SALEVE (les). — 2, 11/1, 15/1, 19/2, 24/2, 30/2, 36, 42/2.
ETAUX. — 2, 10/9, 14/6, 18/5, 26/5, 32/3, 41/3.
ETERCY. — 2, 10/2, 17/2, 21/2, 29/2, 33/5, 40/4.
5° ETREMBIERES. — 2, 9, 10/1, 15/1, 19/1, 24/1, 30/1, 36, 42/1.
4° EVIAN-LES-BAINS. — 4, 13/5, 16/5, 20/2, 25/5, 31/4, 43/4.
EVIRES. — 2, 10/3, 15/2, 19/4, 27/6, 33/7, 40/6.
EXCENNEVEX. — 4, 13/2, 16/4, 20/1, 25/4, 31/3, 43/3.

FAUCIGNY. — 3, 12/10, 11/12, 18/1, 26/1, 32/1, 41/1.
FAVERGES. — 2, 10/6, 17/5, 21/3, 27/3, 33/4, 37, 40/3.
FEIGERES. — 5, 9, 11/8, 15/8, 19/5, 24/3, 30/3, 35, 42/3.
5° FERRIERES. — 2, 10/8, 17/7, 21/1, 27/1, 33/2, 40/1, 44/2.
FESSY. — 4, 13/4, 16/3, 20/4, 25/3, 31/3, 43/3.
FETERNES. — 4, 13/5, 16/5, 20/2, 25/5, 31/4, 43/4.
FILLINGES. — 3, 11/2, 15/3, 19/2, 24/1, 30/2, 36, 42/2.
8° FLUMET. — 3, 12/4, 14/4, 18/4, 23, 28/1, 31/1, 39/1.
1° FORCLAZ (la). — 4, 13/3, 16/2, 20/3, 25/2, 31/2, 43/2.
FRANCLENS. — 2, 9, 11/6, 15/6, 19/3, 29/3, 30/4, 35, 42/4.
FRANGY. — 2, 9, 11/6, 15/6, 19/3, 24/3, 30/3, 35, 42/3, 45/2.
1° FRASSE (la). — 2, 12/3, 11/3, 18/3, 26/3, 32/2, 42/2.

1° GAILLARD. — 21/1, 30/1, 36, 42/1.
1° GETS (les). — 2, 12/9, 11/10, 18/8, 26/9, 32/8, 41/8.
8° GIETTAZ (la). — 3, 12/4, 14/4, 18/4, 23, 28/1, 31/1, 39/1.
GIEZ. — 2, 10/6, 17/5, 21/3, 27/3, 33/4, 37, 40/3.
GRAND-BORNAND (le). — 2, 10/7, 17/6, 21/5, 27/5, 33/6, 40/5.
GROISY. — 2, 10/3, 15/2, 19/4, 27/6, 33/7, 40/6.
GRUFFY. — 2, 10/1, 17/1, 21/2, 27/2, 33/3, 40/2, 44/1.

HABERE-LULLIN. — 4, 13/6, 16/6, 20/4, 25/3, 31/5, 43/5, 46/1.
HABERE-POCHE. — 4, 13/6, 16/6, 20/4, 25/3, 31/5, 43/5, 46/1.
4° HAUTEVILLE-SUR-FIER. — 1, 7, 10/10, 17/8, 21/4, 29/2, 33/5, 40/4.
7° HERY-SUR-ALBY. — 2, 10/1, 17/1, 21/2, 29/2, 33/1, 38, 44/1.
1°, 8° HERY-SUR-UGINE. — 2, 17/15, 17/12, 21/3, 23, 28/1, 31/1, 39/1.

1° HOUCHES (les). — 12/2, 14/2, 18/2, 23/2, 32/4, 41/4, 47/1.

2°, 4° JONZIER-EPAGNY. — 2, 9, 11/4, 15/4, 19/3, 24/3, 30/3, 35, 42/3.
JUVIGNY. — 6, 9, 11/1, 15/1, 19/2, 24/1, 30/1, 36, 42/1.

1° LARRINGES. — 4, 13/5, 16/5, 20/2, 25/5, 31/4, 43/4.
1° LATHUILE. — 2, 10/5, 17/4, 21/3, 27/2, 33/4, 37, 40/3.
LESCHAUX. — 2, 10/5, 17/4, 21/2, 27/2, 33/3, 40/2, 44/3.
5° LOEX. — 3, 11/2, 15/3, 19/2, 24/1, 30/1, 36, 42/1.
LOISIN. — 4, 13/2, 16/4, 20/1, 25/4, 31/3, 43/3.
7° LORNAY. — 1, 10/10, 17/8, 21/4, 33/5, 40/4.
LOVAGNY. — 2, 10/8, 17/7, 21/2, 27/1, 33/3, 40/2, 44/3.
LUCINGES. — 3, 11/2, 15/3, 19/2, 24/1, 30/1, 36, 42/1.
LUGRIN. — 4, 13/5, 16/5, 20/2, 25/5, 31/4, 43/4.
LULLIN. — 4, 13/6, 16/6, 25/6, 31/5, 43/5.
LULLY. — 4, 13/4, 16/3, 20/4, 25/3, 31/3, 43/3.
1° LYAUD (le). — 13/7, 16/7, 20/4, 25/6, 31/5.

MACHILLY. — 4, 13/4, 16/3, 20/1, 24/1, 30/1, 36, 42/1.
MAGLAND. — 3, 12/3, 14/3, 18/3, 26/3, 32/2.
MANIGOD. — 2, 10/13, 17/11, 21/5, 27/5, 33/6, 40/5.
MARCELLAZ. — 3, 11/2, 15/3, 19/2, 24/1, 32/1, 41/1.
4° MARCELLAZ-ALBANAIS. — 1, 10/10, 17/8, 21/4, 29/2, 33/5, 40/4.
MARGENCEL. — 4, 13/7, 16/7, 20/4, 25/6, 31/5, 43/5.
MARIGNIER. — 3, 12/1, 14/1, 18/1, 26/1, 32/1, 41/1.
2°, 7° MARIGNY-SAINT-MARCEL. — 2, 10/1, 17/1, 21/4, 29/2, 33/5, 40/4.
MARIN. — 4, 13/5, 16/5, 20/2, 25/6, 31/5, 43/5.
MARLENS. — 2, 10/6, 17/5, 21/3, 27/3, 33/4, 37, 40/3.
MARLIOZ. — 2, 9, 11/4, 15/4, 19/3, 24/3, 30/3, 35, 42/3, 45/2.
1° MARNAZ. — 41/2.
7° MASSINGY. — 1, 10/10, 17/8, 21/4, 29/2, 33/5, 40/4.
MASSONGY. — 4, 13/2, 16/4, 20/1, 25/4, 31/3, 43/3.
MAXILLY. — 4, 13/5, 16/5, 20/2, 25/5, 31/4, 43/4.
1° MEGEVE. — 3, 12/5, 14/5, 18/4, 26/4, 32/6, 41/6.
MEGEVETTE. — 4, 13/6, 16/6, 20/4, 25/6, 31/5, 43/5, 50.
1° MEILLERIE. — 13/5, 16/5, 20/2, 25/5, 31/4, 43/4.
MENTHON. — 2, 10/12, 17/10, 21/1, 27/4, 33/2, 40/1, 41/2.
1° MENTHONNEX-EN-BORNES. — 2, 10/3, 15/2, 19/4, 26/5, 33/7, 40/6, 45/1.

4° MENTHONNEX-SOUS-CLERMONT. — 2, 10/4, 17/3, 21/4, 29/3, 30/4, 35, 42/4.

MESIGNY. — 2, 10/11, 17/9, 21/1, 33/2, 40/1, 44/2.

MESSERY. — 4, 13/2, 16/4, 20/1, 25/4, 31/3, 43/3.

5° METZ. — 2, 10/8, 17/7, 21/1, 27/1, 33/2, 40/1, 44/2.

5° MEYTHET. — 2, 10/2, 17/2, 21/2, 27/1, 33/3, 40/2, 44/3.

MIEUSSY. — 3, 12/9, 14/10, 18/8, 26/9, 32/8, 41/8.

MINZIER. — 2, 9, 11/4, 15/4, 19/3, 24/3, 30/3, 35, 42/3, 45/2.

MONNETIER-MORNEX. — 2, 9, 11/1, 15/1, 19/1, 24/2, 30/2, 36, 42/2.

MONTAGNY. — 2, 10/2, 17/2, 21/2, 27/1, 33/3, 40/2, 44/3.

MONTMIN. — 2, 10/12, 17/10, 21/3, 27/4, 33/4, 37, 40/3.

1° MONTRIOND. — 4, 13/3, 16/2, 20/3, 25/2, 31/2, 43/2.

MONT-SAXONNEX. — 3, 12/1, 14/1, 18/1, 26/1, 32/1, 41/1.

MORILLON. — 3, 12/8, 14/9, 18/7, 26/8, 32/7, 41/7.

MORZINE. — 4, 13/3, 16/2, 20/3, 25/2, 31/2, 43/2.

6° MOUSSIERE (la). —

7° MOYE. — 1, 10/10, 17/8, 21/4, 29/2, 33/5, 40/4.

MURAZ (la). — 2, 11/7, 15/7, 19/1, 21/2, 30/2, 36, 42/2.

MURES. — 2, 10/1, 17/1, 21/2, 29/1, 33/3, 40/2, 41/1.

MUSIEGES. — 2, 9, 11/6, 15/6, 19/3, 24/3, 30/3, 35, 42/3, 45/2.

NANCY-SUR-CLUSES. — 3, 12/3, 14/3, 18/3, 26/3, 32/2, 41/2.

NANGY. — 3, 11/2, 15/3, 19/2, 24/1, 30/2, 36, 42/2.

NAVES. — 2, 10/2, 17/2, 21/1, 27/1, 33/2, 40/1, 41/2.

NERNIER. — 4, 13/2, 16/1, 20/1, 25/1, 31/3, 43/3.

NEUVECELLE. — 4, 13/4, 16/5, 20/2, 25/5, 31/4, 13/4.

NEYDENS. — 5, 9, 11/8, 15/8, 19/5, 24/3, 30/3, 35, 42/3.

NONGLARD. — 2, 10/8, 17/7, 21/2, 27/1, 33/3, 40/2, 41/3.

NOVEL. — 4, 13/5, 16/5, 20/2, 25/5, 31/4, 43/4.

OLLIERES (les). — 2, 10/11, 14/11, 18/5, 27/6, 33/7, 40/6.

ONNION. — 3, 12/10, 14/12, 18/9, 26/6, 32/5, 41/5.

ORCIER. — 4, 13/7, 16/7, 20/4, 25/6, 31/5, 43/5.

8° OUTRECHAISE. — 1, 7, 10/15, 17/12, 21/3, 31/1, 39/1.

5° PASSEIRIER. — 2, 8, 12/1, 14/1, 18/1, 26/5, 32/5, 41/3.

PASSY. — 3, 12/7, 14/8, 18/6, 26/7, 32/4, 41/4, 47/2.

PEILLONNEX. — 3, 12/10, 14/12, 18/9, 26/1, 32/1, 41/1.

PERRIGNIER. — 4, 13/4, 16/3, 20/4, 25/3, 31/5, 13/5.

PERS-JUSSY. — 2, 11/7, 15/7, 19/1, 24/2, 30/2, 36, 42/2.

PETIT-BORNAND (le). — 2, 8, 10/9, 14/6, 18/1, 26/1, 32/1, 41/1.

PLAGNES (les). — 12/6, 14/7, 18/6, 26/2, 32/4, 41/4, 47/2.

POISY. — 2, 10/2, 17/2, 21/2, 27/1, 33/3, 40/2, 44/3.

PONTCHY. — 3, 12/1, 14/1, 18/1, 26/1, 32/1, 41/1.

1°, 4° PRAZ-SUR-ARLY. — 26/4, 32/6, 41/6.

PRESILLY. — 2, 9, 11/8, 15/8, 19/5, 24/3, 30/3, 35, 42/3.

PRINGY. — 2, 10/8, 17/7, 21/1, 27/1, 33/2, 40/1, 44/2.

PUBLIER. — 4, 13/5, 16/5, 20/2, 25/5, 31/4, 43/4.

QUINTAL. — 2, 10/2, 17/2, 21/2, 27/2, 33/3, 40/2, 44/3.

3° REIGNIER. — 3, 7, 11/7, 15/7, 19/4, 30/2, 36, 42/2.

1° REPOSOIR (le). — 26/3, 32/2, 41/2.

REYVROZ. — 4, 13/6, 16/6, 20/4, 25/6, 31/5, 43/5.

1° RIVIERE-ENVERSE (la). — 12/9, 14/10, 18/8, 26/9, 32/8, 41/8.

ROCHE (la). — 2, 10/9, 11/6, 18/5, 26/5, 32/3, 41/3.

7° RUMILLY. — 1, 10/10, 17/8, 21/4, 33/5, 40/4.

SAINT-ANDRE. — 3, 12/10, 11/12, 18/9, 26/6, 29/2, 32/5, 41/5, 46/1.

4°, 5° SAINT-ANDRE-VAL-DE-FIER. — 2, 10/10, 17/8, 21/4, 33/5, 40/4.

SAINT-BLAISE. — 2, 9, 15/5, 19/5, 24/3, 30/3, 35, 42/3, 45/1.

SAINT-CERGUES. — 4, 13/4, 16/3, 20/1, 24/1, 30/1, 36, 42/1.

SAINT-DIDIER. — 1, 13/4, 16/3, 20/1, 25/4, 31/3, 43/3.

SAINT-EUSEBE. — 1, 7, 10/11, 17/9, 21/4, 29/2, 33/5, 40/4.

1° SAINT-EUSTACHE. — 2, 10/5, 17/4, 21/2, 27/2, 33/3, 40/2, 44/3.

7° SAINT-FELIX. — 2, 10/1, 17/1, 21/4, 29/2, 33/1, 38, 41/1.

SAINT-FERREOL. — 2, 10/6, 17/5, 21/3, 27/3, 33/4, 37, 40/3.

4° SAINT-GERMAIN-SUR-RHONE. — 2, 9, 11/6, 15/6, 19/3, 29/3, 30/4, 35, 42/4.

6° SAINT-GERMAIN-SUR-TALLOIRES. — 40/1, 41/2.

4° SAINT-GERVAIS-LES-BAINS. — 3, 12/6, 14/7, 18/6, 26/2, 32/4, 41/4, 47/2.

SAINT-GINGOLPH. — 4, 13/5, 16/5, 20/2, 25/5, 31/4, 43/4.

1ᵉ SAINT-JEAN-D'AULPH. — 4, 13/3, 16/2, 20/3, 25/2, 31/2, 43/2.

SAINT-JEAN-DE-SIXT. — 2, 10/7, 17/6, 21/5, 27/5, 33/6, 40/5.

SAINT-JEAN-DE-THÒLOME. — 3, 12/10, 14/12, 18/9, 26/6, 32/5, 41/5.

SAINT-JEOIRE. — 3, 12/10, 14/12, 18/9, 32/5, 41/5.

SAINT-JORIOZ. — 2, 10/5, 17/4, 21/2, 27/2, 33/3, 40/2, 44/3.

SAINT-JULIEN-EN-GENEVOIS. — 5, 9, 11/8, 15/8, 19/5, 30/3, 35, 42/3.

SAINT-LAURENT. — 3, 12/1, 14/1, 26/5, 32/3, 41/3.

4ᵉ SAINT-MARTIN-BELLEVUE. — 2, 10/8, 17/7, 21/1, 27/1, 33/2, 39/1, 40/1, 44/2.

4ᵉ SAINT-MARTIN-SUR-ARVE. — 3, 12/7, 14/8, 18/6, 26/7, 32/6, 41/6.

4ᵉ, 5ᵉ SAINT-MAURICE. — 2, 8, 12/1, 14/1, 18/1, 26/5, 32/3, 41/3.

1ᵉ SAINT-NICOLAS-DE-VEROCE. — 3, 12/6, 14/7, 18/6, 26/7, 32/4, 41/4, 47/2.

8ᵉ SAINT-NICOLAS-LA-CHAPELLE. — 3, 12/4, 14/4, 18/4, 23, 28/1, 34/1, 39/1.

SAINT-PAUL. — 4, 13/5, 16/5, 20/2, 25/5, 31/4, 43/4.

4ᵉ SAINT-PIERRE-DE-RUMILLY. — 2, 8, 12/1, 14/1, 18/1, 26/5, 32/3, 41/3.

1ᵉ, 5ᵉ SAINT-ROCH. — 12/7, 14/8, 18/6, 26/7, 32/6, 41/6.

1ᵉ SAINT-SIGISMOND. — 3, 12/3, 14/3, 18/3, 26/3, 32/2, 41/2.

SAINT-SIXT. — 2, 10/9, 14/6, 18/5, 26/5, 32/3, 41/3.

SAINT-SYLVESTRE. — 2, 10/1, 17/1, 21/2, 27/2, 33/3, 40/2, 41/1.

SALES. — 1, 10/10, 17/8, 21/4, 29/2, 33/5, 40/4.

1ᵉ SALLANCHES. — 3, 12/7, 14/8, 18/6, 26/7, 32/6, 41/6.

SALLENOVE. — 2, 9, 11/6, 15/6, 19/3, 27/1, 33/2, 40/1, 41/2.

1ᵉ, 3ᵉ SAMOENS. — 3, 12/8, 14/9, 18/7, 26/8, 32/7, 41/7.

SAPPEY (le). — 2, 10/3, 15/2, 19/4, 24/2, 30/2, 36, 32/2, 45/1.

SAVIGNY. — 2, 9, 11/4, 15/4, 19/3, 24/3, 30/3, 35, 42/3.

SAXEL. — 1, 13/4, 16/3, 20/4, 25/3, 31/3, 43/3, 46/1.

SCIENTRIER. — 3, 7, 15/4, 19/4, 21/2, 30/2, 36, 42/2.

3ᵉ SCIEZ. — 4, 13/7, 16/7, 20/4, 25/6, 31/5, 43/5.

1ᵉ SCIONZIER. — 3, 12/3, 14/3, 18/3, 26/3, 32/2, 41/2.

1ᵉ SERRAVAL. — 2, 10/13, 17/11, 21/5, 27/4, 33/6, 40/5.

SERVOZ. — 3, 12/7, 14/8, 18/2, 26/7, 32/4, 41/4, 47/1.

SEVRIER. — 2, 10/2, 17/2, 21/2, 27/2, 33/3, 40/2, 44/3.
SEYNOD. — 2, 10/2, 17/2, 21/2, 27/1, 33/3, 39/2, 40/2, 44/3.
SEYSSEL. — 9, 11/6, 30/4, 35, 42/4.
SEYTHENEX. — 2, 10/6, 17/5, 21/3, 27/3, 33/4, 37, 40/3.
1° SEYTROUX. — 4, 25/2, 31/2, 43/2.
SILLINGY. — 2, 10/11, 17/9, 21/1, 27/1, 33/2, 40/1, 44/2.
SIXT. — 3, 12/8, 14/9, 18/7, 26/8, 32/7, 41/7.
SYON. — 2, 10/10, 17/8, 21/4, 29/2, 33/5, 40/4.

TALLOIRES. — 2, 10/12, 17/10, 21/1, 33/2, 40/1, 44/2.
1° TANINGES. — 3, 12/9, 14/10, 18/8, 26/9, 32/8, 41/8.
THAIRY. — 5, 9, 11/8, 15/8, 19/5, 24/3, 30/3, 35, 42/3.
THIEZ. — 3, 12/3, 14/3, 18/3, 26/1, 32/1, 41/1.
1° THOLLON. — 4, 13/5, 16/5, 20/2, 25/5, 31/4, 43/4.
THONES. — 2, 10/13, 17/11, 21/5, 27/5, 33/6, 40/5.
1° THORENS. — 2, 10/11, 14/11, 18/5, 33/7, 40/6.
THUSY. — 1, 7, 10/11, 17/9, 21/4, 29/2, 33/5, 40/4.
TOUR (la). — 3, 12/10, 14/12, 18/9, 26/6, 35/5, 41/5.

8° UGINES. — 2, 10/15, 17/12, 21/3, 31/1, 39/1.
USINENS. — 2, 9, 11/6, 15/6, 19/3, 29/3, 30/4, 35, 42/4.

1° VACHERESSE. — 4, 13/1, 16/1, 20/2, 25/1, 31/1, 43/1.
VAILLY. — 4, 13/6, 16/6, 20/4, 25/6, 31/5, 43/5.
VALLEIRY. — 5, 9, 11/8, 15/5, 19/5, 24/3, 30/3, 35, 42/3.
VALLIERES. — 1, 7, 10/10, 17/8, 21/4, 29/2, 33/5, 40/4.
VALLORCINE. — 3, 12/2, 14/2, 18/2, 26/2, 32/4, 41/4, 47/1.
VANZY. — 2, 9, 11/6, 15/6, 19/3, 29/3, 30/4, 35, 42/4.
VAULX. — 1, 7, 10/11, 17/9, 21/4, 29/2, 33/5, 40/4.
VEIGY-FONCENEX. — 4, 9, 11/1, 15/1, 19/2, 24/1, 30/1, 36, 42/1, 46/2.
1° VERCHAIX. — 12/8, 14/9, 18/7, 26/8, 32/7, 41/7.
1° VERNAZ (la). — 13/3, 16/2, 20/3, 25/2, 31/2, 43/2.
VERS. — 5, 9, 11/8, 15/8, 19/5, 24/3, 30/3, 35, 42/3.
VERSONNEX. — 2, 10/10, 17/8, 21/4, 29/2, 33/5, 40/4.
2° VETRAZ-MONTHOUX. — 3, 9, 11/1, 15/1, 19/2, 24/1, 30/1, 36, 42/1.
1° VEYRIER-DU-LAC. — 2, 10/12, 17/10, 21/1, 27/1, 33/2, 40/1, 44/2.
VIEUGY. — 2, 10/2, 17/2, 21/2, 27/1, 33/3, 40/2, 44/3.
VILLARD (le). — 3, 12/10, 14/12, 18/9, 26/6, 32/5, 41/5, 46/1.

4° **VILLARDS** (les)-SUR-THONES. — 2, 10/13, 17/11, 21/5, 27/5, 33/6, 40/5.

VILLAZ. — 2, 10/8, 17/7, 21/1, 27/1, 33/7, 40/6.

VILLE-EN-SALLAZ. — 3, 12/10, 14/12, 18/9, 26/6, 32/5, 41/5.

VILLE-LA-GRAND. — 6, 9, 11/1, 15/1, 19/2, 24/1, 30/1, 36, 42/1.

VILLY-LE-BOUVERET. — 2, 11/5, 15/5, 19/5, 27/6, 33/7, 40/6, 45/1.

VILLY-LE-PELLOUX. — 2, 10/8, 17/7, 21/1, 27/1, 33/2, 40/1, 41/2

VINZIER. — 4, 9, 13/5, 16/5, 20/2, 25/1, 31/1, 43/1, 49.

VIRY. — 5, 9, 11/8, 15/8, 19/5, 24/3, 30/3, 35, 42/3.

VIUZ-EN-SALLAZ. — 3, 12/10, 14/12, 18/9, 26/6, 32/5, 41/5.

6° **VIUZ-FAVERGES.** — 2, 10/6, 17/5, 21/3, 27/3, 33/4, 37, 40/3.

VIUZ-LA-CHIESAZ. — 2, 10/1, 17/1, 21/2, 27/2, 33/3, 40/2, 41/1.

5° **VOUGY.** — 3, 12/1, 14/1, 18/1, 26/1, 32/1, 41/1.

4° **VOVRAY-EN-BORNES.** — 2, 9, 11/5, 15/5, 19/5, 27/6, 33/7, 40/6, 45/1.

VULBENS. — 2, 9, 11/8, 15/8, 19/5, 24/3, 30/3, 35, 42/3.

YVOIRE. — 4, 13/2, 16/4, 20/1, 25/4, 31/3, 43/3.

Pour plus de commodité dans les recherches, nous groupons ici en un TABLEAU les chiffres épars dans notre ouvrage, et nous en rappelons la signification.

1° Communes créées.
2° Communes unies, conservant le nom de chacune.
3° Communes incorporées, perdant leur nom.
4° Noms modifiés.
5° Communes qui ne sont pas paroisses.
6° Paroisses qui ne sont pas communes.
7° Communes de la Haute-Savoie, qui sont paroisses de l'archidiocèse de Chambéry.
8° Paroisses du diocèse d'Annecy, qui sont communes de la Savoie.

1723. — PROVINCES ET PAROISSES

1, Savoie-Propre. — 2, Génevois. — 3, Faucigny. — 4, Chablais. — 5, Bailliage de Ternier. — 6, Bailliage de Gaillard.

1749. — *Modifications de détail.*

7, Génevois. — 8, Faucigny.

1780. — *Création de la province de Carouge.*

9, Paroisses composant cette province.

1793. — *Districts et cantons.*

10. — District d'Annecy.

10 1, Canton d'Alby ; 10 2, Annecy ; 10 3, Arbusigny ; 10 4, Clermont ; 10 5, Duingt ; 10 6, Faverges ; 10/7, Grand-Bornand ; 10 8, Pringy ; 10 9, Roche (la) ; 10 10, Rumilly ; 10 11, Sillingy ; 10 12, Talloires ; 10 13, Thônes ; 10 14, Thorens ; 10 15, Ugines.

11. — District de Carouge.

11 1, Canton d'Annemasse ; 11 2, Bonne ; 11 3, Carouge ; 11 4, Chaumont ; 11 5, Cruseilles ; 11 6, Frangy ; 11 7, Reigner ; 11 8, Viry.

12. — District de Cluses.

12 1, Canton de Bonneville ; 12 2, Chamonix ; 12 3, Cluses ; 12 4, Flumet ; 12 5, Megève ; 12 6, Saint-Gervais ; 12 7, Sallanches ; 12 8, Samoëns ; 12 9, Taninges ; 12 10, Viuz-en-Sallaz.

13. — District de Thonon.

13 1, Canton d'Abondance ; 13 2, Douvaine ; 13 3, Biot (le) ; 13 4, Bons ; 13 5, Evian ; 13 6, Lulin ; 13 7, Thonon.

1798. — *Création du département du Léman.*
Arrondissements communaux et cantons.

14. — Arrondissement communal de Bonneville.

14 1, Canton de Bonneville ; 14 2, Chamonix ; 14 3, Cluses ; 14 4, Flumet ; 14 5, Megève ; 14 6, Roche (al) ; 14/7, St-Gervais ; 14 8, Sallanches ; 14 9, Samoëns ; 14 10, Taninges ; 14 11, Thorens ; 14 12, Viuz-en-Salaz.

15. — Arrondissement communal de Genève.

15/1, Canton d'Annemasse ; 15/2, Arbusigny; 15/3, Bonne; 15/4, Chaumont ; 15/5, Cruseilles ; 15/6, Frangy ; 15/7, Reignier, 15/8, Viry.

16. — Arrondissement communal de Thonon.

16/1, Canton d'Abondance ; 16/2, Biot (le) ; 16/3, Bons ; 16/4, Douvaine; 16/5, Evian ; 16/6, Lullin ; 16/7, Thonon.

Ancien département du Mont-Blanc,
composé du seul arrondissement communal d'Annecy.

17. — Arrondissement communal d'Annecy.

17/1, Canton d'Alby ; 17/2, Annecy ; 17/3, Clermont ; 17/4, Duingt ; 17/5, Faverges ; 17/6, Grand-Bornand (le) ; 17/7, Pringy ; 17/8, Rumilly ; 17/9, Sillingy ; 17/10, Tallores ; 17/11, Thônes ; 17/12, Ugine.

1801. — *Réduction du nombre des Justices de paix ou cantons.*

18. — Arrondissement communal de Bonneville.

18/1, Canton de Bonneville ; 18/2, Chamonix ; 18/3, Cluses ; 18/4, Megève ; 18/5, Roche (la) ; 18/6, Sallanches ; 18/7, Samoëns ; 18/8, Taninges ; 18/9, Viuz-en-Sallaz.

19. — Arrondissement communal de Genève.

19/1, Canton de Carouge ; 19/2, Chêne-Thônex ; 19/3, Frangy ; 19/4, Reignier ; 19/5, St-Julien.

20. — Arrondissement communal de Thonon.

20/1, Douvaine ; 20/2, Evian ; 20/3, St-Jean-d'Aulph ; 20/4, Thonon.

21. — Arrondissement communal d'Annecy.

21/1, Canton d'Annecy-Nord ; 21/2, Annecy-Sud ; 21/3, Faverges ; 21/4, Rumilly ; 21/5, Thônes.

1816. — *Création de la province de la Haute-Savoie.*

23. — Communes formant la nouvelle province.

1817. — *Création de la province de Rumilly.*
Provinces et Mandements.

24. — Province de Carouge (Chef-lieu St-Julien).

24/1, Mandement d'Annemasse; 24/2, Reigner ; 24/3, St-Julien.

25. — Province de Chablais.

25/1, Mandement d'Abondance ; 25/2, Bons ; 25/3, Douvaine ; 25/4, Thonon.

26. — Province de Faucigny.

26/1, Mandement de Bonneville ; 26/2, Chamonix ; 26/3, Cluses ; 26/4, Megève ; 26/5, Roche (la) ; 26/6, St-Jeoire ; 26/7, Sallanches ; 26/8, Samoëns ; 26/9, Taninges.

27. — Province de Génevois.

27/1, Mandement d'Annecy ; 27/2, Duingt ; 27/3, Faverges ; 27/4, Talloires ; 27/5, Thônes ; 27/6, Thorens-Sales.

28. — Province de la Haute-Savoie.

28/1, Mandement d'Ugine.

29. — Province de Rumilly.

29/1, Mandement de la Biolle ; 29/2, Rumilly ; 29/3, Seyssel.

1818. — *Suppression de la province de Rumilly.*

30. — Province de Carouge.

30/1, Mandement d'Annemasse ; 30/2, Reignier ; 30/3, St-Julien ; 30/4, Seyssel.

31. — Province de Chablais (Chef-lieu Thonon).

31/1, Mandement d'Abondance ; 31/2, Biot (le), 31/3, Douvaine ; 31/4, Evian ; 31/5, Thonon.

32. — Province de Faucigny (Chef-lieu Bonneville).

32/1, Mandement de Bonneville ; 32/2, Cluses ; 32/3, Roche (la) ; 32/4, St-Gervais ; 32/5, St-Jeoire ; 32/6, Sallanches ; 32/7, Samoëns ; 32/8, Taninges.

33. — Province de Génevois (Chef-lieu Annecy).

33/1, Mandement d'Albens ; 33/2, Annecy ; 33/3, Duingt ; 33/4, Faverges ; 33/5, Rumilly ; 33/6, Thônes ; 33/7, Thorens-Sales.

34. — Province de la Haute-Savoie (Chef-lieu l'Hôpital).

34/1, Mandement d'Ugines.

1838. — *Suppression de la province de Carouge.*
Communes de la province supprimée incorporées :

35, au Génevois ; 36, au Faucigny ; 37, à la Haute-Savoie ; 38, à la Savoie-Propre.

1860. — ANNEXION. — Arrondissements et cantons.

39. — Arrondissement d'Albertville.

39/1, Canton d'Ugines.

40. — Arrondissement d'Annecy.

40 1, Canton d'Annecy ; 40 2, Daingt ; 40 3, Faverges ; 40 4, Rumilly ; 40 5, Thônes ; 40 6, Thorens.

41. — Arrondissement de Bonneville.

41 1, Bonneville ; 41 2, Cluses ; 41 3, Roche (la) ; 41 4, St-Gervais ; 41 5, St-Jeoire ; 41 6, Sallanches ; 41 7, Samoëns ; 41 8, Taninges.

42. — Arrondissement de Saint-Julien.

42 1, Annemasse ; 42 2, Reignier ; 42 3, Saint-Julien ; 42 4, Seyssel.

43. — Arrondissement de Thonon.

43 1, Canton d'Abondance ; 43 2, Biot (le) ; 43 3, Douvaine ; 43 4, Evian ; 43 5, Thonon.

1860. *Modifications à la circonscription territoriale précédente.*

44. — Arrondissement d'Annecy.

44 1, Canton d'Alby ; 44 2, Annecy-Nord ; 44 3, Annecy-Sud.

45. — Arrondissement de Saint-Julien.

45 1, Cruseilles ; 45 2, Frangy ; 45 3, Saint-Julien.

46. — Arrondissement de Thonon.

46 1, Boëge ; 46 2, Douvaine.

1861. — 47. — Arrondissement de Bonneville.

47 1, Canton de Chamonix ; 47 2, Saint-Gervais.

(Les numéros 22, 48, 49 et 50 regardent des communes particulières).

Ce qui précède tiendra lieu de « TABLE DES MATIERES ».

SEPTIÈME SUPPLÉMENT

AU

" DICTIONNAIRE DU CLERGÉ "

(Voir le sixième à la suite du « Séminaire »).

Accambray Fr, né à Manigod le 2 novembre 1874. Pr. le 7 juin 1900. — V. à Dingy-St-Clair et 1904, à St-Maurice d'Annecy, 18 avril 1919, c. de Clermont. † 22 juillet 1926.

Angelloz-Rion Jh, né au Grand-Bornand le 27 octobre 1848. Pr. le 26 mai 1877. V. à Habère-Lullin ; 1878, à St-Sylvestre et à Doussard , 15 janvier 1887, c. de Mûres, et 8 décembre 1892, de Reyvroz. † 8 décembre 1923.

Berger M.-Fr.-Jh, né à Thonon le 15 avril 1876. Pr. le 1er juin 1901. V. à Cuvat ; 1902, à Boëge ; 5 juillet 1912, c. de Cercier ; 10 mars 1922, d'Argonnex. Sa santé l'obligea l'année même de sa nomination à la cure d'Argonnex, à se retirer au Grand-Séminaire, puis dans la maison des Chapelains de l'avenue de Cran. † 12 avril 1923, à la clinique d'Annecy ; sépulturé à Thonon.

Bogey Jh-L.-M., né à Annecy le 5 décembre 1862. Pr. le 4 juillet 1886. V. à Viuz-Faverges ; 1893, à Menthon ; 10 décembre 1902, c. de Sallenôve, et, le 1er août 1910, de Talloires. † 30 août 1926.

Cartier Pierre-Abel, né à Doussard le 2 mai 1848. Pr. le 10 juin 1876. — V. à Evires ; 1878, au Grand-Bornand. — 11 mars 1881, c. de St-Blaise, et le 28 avril 1890, de St-André-sur-Boëge. Après avoir pris un repos nécessité par son état de santé, il redevint, en 1918, c. de Nernier. † 2 mai 1923 ; sépulturé à Doussard.

Chauplanaz J.-Auguste, né à Evian le 5 juillet 1863. Pr. le 15 juin 1889. — Professeur à l'externat St-Bernard, à Annecy. ; 1893, V. à N.-D. de Bellecombe ; 1897, à Saint-André-sur-Boëge ; 1899, à Alex. — 5 juin 1903, c. de Saint-Eustache ; 30 août 1918, de Marignier. — † 31 mars 1925.

Décisier Eugène, né à Sévrier le 18 février 1834. — Pr. 29 juin 1885, à Marseille. Au service des P. P. de la Cie de Jésus, il séjourna en Orient, pour raison de santé, et fut professeur dans leur établissement de Marseillle. En 1891, il était nommé chapelain de St-Louis des Français, à Rome. — 26 juillet 1894, c. d'Argonnex, et, 1er mai 1896, de Talloires. A bout de forces, il dut se retirer, le 1er août 1910, dans son lieu d'origine. — † 2 mars 1925.

Ducret J.-P., né à Hauteville-sur-Fier, le 30 novembre 1854. — Pr. 13 mars 1880. Secrétaire particulier de Mgr Isoard. — 1881, v. à Sallanches. — 12 juillet 1891, c. de Publier, et, 26 sept. 1893, c. plébain de Thônes. — † 31 août 1926.

Ducret M.-Fr., né à St-Paul le 6 déc. 1880. — Pr. à Rome, le 20 déc. 1884. Docteur en Théologie de l'Université Grégorienne, et en Droit-Canon, de l'Apollinaire. — 1887, prof. au collège de Mélan. — 1889, prof. au Gd-Séminaire. — 1894, chez les Missionnaires diocésains. — 1902, 1er chapelain aux Faverges. — 2 oct. 1903, c. du Sappey. — 31 oct. 1910, c. de Brenthonne. — † 21 août 1926, retiré aux Faverges.

Duvillaret Jules-Jh, né à Habère-Lullin le 12 avril 1856. — Pr. 19 mai 1883. — V. à Combloux 1884, repos nécessité par son état de santé. — 1885, v. à Cernex, et, 1889, à Cruseilles. — 1er janv. 1891, c. du Reposoir, et 10 mars 1916, de Ville-en-Sallaz. — † 21 mars 1925.

Félisaz M.-Adolphe, né au Villard-sur-Boëge le 18 déc. 1855. — Pr. 10 mars 1883. — V. à Morzine. — 4 déc. 1892, c. de la Muraz ; 15 juill. 1904, de Serraval, et, 9 avril 1912, de Vinzier. — † au mois de sept. 1923.

Fleury Jh-André, né à St-Paul le 6 juillet 1860. — Pr. 5 juillet 1885. — V. à La Frasse ; 1887, à Doussard ; 1889, au Mont-Saxonnex ; 1893, à Marignier. — 7 juillet 1896, c. de Meillerie ; 12 juillet 1901, de Cuvat. — 18 fée. 1910, aumônier de l'Asile des Vieillards, à Annecy. — 13 août 1913, c. de Margencel. — † 3 fée 1925.

Grorod Constant, né à Morzine le 2 avril 1863. — Pr. 1er juillet 1888. — V. à Cran ; 1893, à Cruseilles ; 1895, à Thonon. — 1er avril 1904, c. de St-Cergues ; 1922, retiré à Reignier. — † 11 avril 1926.

Lafaverges Eugène, né à Challonges le 25 oct. 1847. — Pr. 22 mai 1875. — V. à Chamonix et à Viuz-en-Sallaz ; 1879, à Reignier ; 17 juillet 1887, c. de Meillerie ; 14 déc. 1893, c. arch. d'Alby. — 1907, retiré à Thonon. — † 8 mars 1922.

Morand Jh-Prosper, né à Megève le 20 oct. 1857. — Pr. 3 juin 1882. — V. à Villaz ; 1888, à St-Jeoire. — 10 déc. 1892, c. de Loisin ; 23 déc. 1904, de Vallières. — 1920, retiré à Megève. — † déc. 1922.

Il a publié dans les « Mémoires et Documents de l'Académie Salésienne », t. 10, p. 273, une « Monographie de Villaz » ; t. 23, « Notice historique sur Loisin ». Sa mort l'a empêché de mettre la dernière main à une « Monographie de la paroisse de Vallières ».

Mulin Léandre, né à Marignier le 10 juin 1860. — Pr. 20 déc. 1884. — V. à Arthaz ; 1892, à St-Gervais. — 2 mars 1895, c. d'Allèves ;

11 déc. 1903, de St-Martin-sur-Sallanches. — Retiré pour cause de santé, le 30 déc. 1921, il fut tout à tour chez les Sœurs de Ferney-Voltaire, à Sallanches, et à St-Jean-de-Dieu, à Lyon. — † 10 janv. 1925.

Perréard J., né à Cranves le 17 mars 1856. — Pr. 22 mai 1880. — V. à St-Gervais ; 1886, à Ugine. — 1er avril 1891, c. de Pontchy. — † 29 août 1926.

Premat J.-Fr., né à Montriond le 28 août 1842. — Pr. 22 mai 1866. V. à Argentières ; 1873, à Combloux ; 1875, à Faverges ; 1876, à La Roche. — 1879, c. de Vulbens. — 12 juin 1914, retiré à Thonon. † 12 juin 1925, retiré à Montriond.

Sache J.-M., né à Chevenoz, le 11 août 1868. — V. à La Clusaz ; 1895, à Ugine. — 27 juillet 1906, c. de La Rivière-Enverse. — † 10 fév. 1925.

Veyrat-Durebex Fr., né à Manigod le 9 juillet 1852. — Pr. 22 mai 1880. — V. à Châtillon-sur-Cluses ; 1882, à Vailly ; 1886, à Alby. — 16 mars 1891, c. de La Chapelle-St-Maurice ; 13 juillet 1914, c. d'Étaux. † 11 juillet 1925.